Cuidando las Ovejas
Curso de la Especialidad Ministerio Juvenil

Iglesia del Nazareno
Región Mesoamérica

Milton Gay
Coordinador General de la Especialidad

Cuidando las ovejas

Libro de la serie "Escuela de Liderazgo"
Especialidad Ministerio Juvenil

Coordinador General de la Especialidad: Milton Gay
Asistente: Odily Diaz

Autores:
Yeri Nieto (Lección 1, 3)
Ulises Daniel Solís Jiménez (Lección 2)
Yadira Arriaza (Lección 4)
Vanessa L. Maldonado Gallardo (Lección 5)
Jonathan González (Lección 6)
Milton Gay (Lección 7)
Luis y Jessica Chávez Alegría (Lección 8)

Edición: Dra. Mónica E. Mastronardi de Fernández
Revisor: Dr. Rubén E. Fernández

Material producido por EDUCACIÓN Y DESARROLLO PASTORAL de la Iglesia del Nazareno,
Región Mesoamérica - www.edunaz.org
Dirección postal: Apdo. 3977 – 1000 San José, Costa Rica, América Central.
Teléfono (506) 2285-0432 / 0423 - Email: EL@mesoamericaregion.org

Publica y distribuye Asociación Región Mesoamérica
Av. 12 de Octubre Plaza Victoria Locales 5 y 6
Pueblo Nuevo Hato Pintado, Ciudad de Panamá
Tel. (507) 203-3541 - E-mail: literatura@mesoamericaregion.org

Copyright © 2017 - Derechos reservados
Queda prohibida la reproducción parcial o total, por cualquier medio, sin el permiso escrito de Educación y Desarrollo Pastoral de la Iglesia del Nazareno, Región Mesoamérica. www.mesoamericaregion.org

Todas las citas son tomadas de la Nueva Versión Internacional 1999 por la Sociedad Bíblica Internacional, a menos que se indique lo contrario.

Diseño de portada: Juan Manuel Fernández (www.juanfernandez.ga)

Imagen de portada por Ernie R
Utilizada con permiso (Creative Commons).
Imágenes interiores usadas con permiso (Creative Commons).

Índice de las lecciones

Lección 1	Llamados a cuidar ovejas	9
Lección 2	Una vocación y un llamado	19
Lección 3	Conociendo al rebaño	27
Lección 4	Alimentando al rebaño	35
Lección 5	Nuestra historia	43
Lección 6	El acompañamiento	51
Lección 7	La vara y el cayado	59
Lección 8	La restauración de las ovejas descarriadas	69

Presentación

La serie de libros Escuela de Liderazgo ha sido diseñada con el propósito de proveer una herramienta a la iglesia para la formación, capacitación y entrenamiento de sus miembros a fin de integrarlos activamente en el servicio cristiano conforme a los dones y el llamado (vocación) que han recibido de su Señor.

Cada uno de los libros provee el material de estudio para un curso del programa Escuela de Liderazgo patrocinado por las Instituciones Teológicas de habla hispana de la Región Mesoamérica de la Iglesia del Nazareno. Éstas son: IBN (Cobán, Guatemala); STN (Ciudad de Guatemala); SENAMEX (Ciudad de México, México); SENDAS (San José, Costa Rica); SND (Santo Domingo, República Dominicana) y SETENAC (La Habana, Cuba). Un buen número de los y las líderes de estas instituciones (rectores, directores, vicerrectores y directores de estudios descentralizados) participaron activamente en el diseño del programa.

La Escuela de Liderazgo cuenta con cinco Cursos Básicos, comunes a todos los ministerios, y seis Cursos Especializados para cada ministerio, al final de los cuáles la Institución Teológica respectiva le otorga al estudiante un certificado (o diploma) en Ministerio Especializado.

El objetivo general de la Escuela de Liderazgo es: "Colaborar con la iglesia local en el equipamiento de los "santos para la obra del ministerio", cimentando en ellos un conocimiento bíblico teológico sólido y desarrollándolos en el ejercicio de sus dones para el servicio en su congregación local y en la sociedad." Los objetivos específicos de este programa son tres:

- Desarrollar los dones del ministerio de la congregación local.
- Multiplicar ministerios de servicio en la iglesia y la comunidad.
- Despertar la vocación al ministerio profesional diversificado.

El objetivo de esta Especialidad titulada "Ministerio Juvenil" es el de capacitar a los líderes emergentes, que desean participar en el cumplimiento de nuestra misión de "llamar a nuestra generación a una vida dinámica en Cristo". Las lecciones en estos seis libros han sido escritas por líderes juveniles con experiencia a lo largo de la región de Mesoamérica y es el deseo de los autores que cada estudiante reciba una visión enriquecida sobre la cultura juvenil, consejería, trabajo en equipo y otros temas de importancia. Deseamos que Dios sea glorificado a través de estos cursos y que cada estudiante crezca en su preparación, extendemos un agradecimiento especial a los licenciados Yeri Nieto, Josué Villatoro y Odily Díaz por su esfuerzo y dedicación en este proyecto.

Agradecemos a la Dra. Mónica Mastronardi de Fernández por su dedicación como Editora General del proyecto, a los Coordinadores Regionales de Ministerios y al equipo de escritores y diseñadores que colaboraron para la publicación de estos libros. Agradecemos de igual manera a los profesores y profesoras que compartirán estos materiales. Ellos y ellas harán la diferencia en las vidas de miles de personas a lo largo y ancho de Mesoamérica.

Finalmente, no podemos dejar de agradecer al Dr. Rubén Fernández, Coordinador de Educación y Desarrollo Pastoral por el impulso dado a la publicación de estos materiales, y al Dr. L. Carlos Sáenz, Director Regional MAR, por su respaldo permanente en esta tarea, fruto de su convicción de la necesidad prioritaria de una iglesia equipada de manera integral.

Oramos por la bendición de Dios para todos los discípulos y todas las discípulas cuyas vidas y servicio cristiano serán enriquecidos por estos libros.

Rev. Milton Gay
Coordinador de Juventud Nazarena Internacional
Región Mesoamérica

¿Qué es la Escuela de Liderazgo?

Escuela de Liderazgo es un programa de educación para laicos en las diferentes especialidades ministeriales para involucrarlos en la misión de la iglesia local. Este programa es administrado por las Instituciones Teológicas de la Iglesia del Nazareno en la Región Mesoamérica e impartido tanto en sus sedes como en las iglesias locales inscriptas.

¿Para quiénes es la Escuela de Liderazgo?

Para todos los miembros en plena comunión de las iglesias del nazareno quienes habiendo participado en los niveles B y C del programa de discipulado, desean de todo corazón descubrir sus dones y servir a Dios en su obra.

Plan ABCDE

Para contribuir a la formación integral de los miembros de sus iglesias, la Iglesia del Nazareno de la Región Mesoamérica ha adoptado el plan de discipulado ABCDE, y desde el año 2001 ha iniciado la publicación de materiales para cada uno de estos niveles. La Escuela de Liderazgo corresponde al Nivel D del plan de discipulado ABCDE y ha sido diseñada para aquellos que ya han pasado por los anteriores niveles de discipulado.

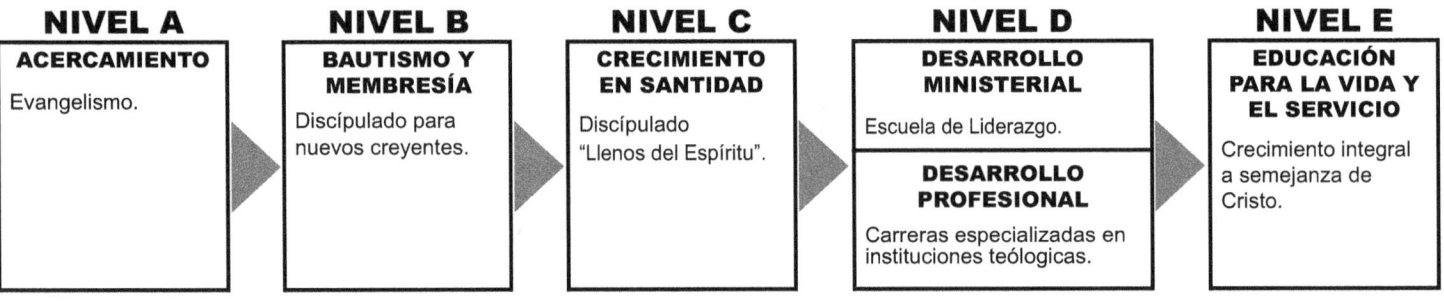

En la Iglesia del Nazareno creemos que hacer discípulos a imagen de Cristo en las naciones es el fundamento de la obra misional de la Iglesia y responsabilidad de su liderazgo (Efesios 4:7-16). La labor de discipulado es continua y dinámica, es decir el discípulo nunca deja de crecer a semejanza de su Señor. Este proceso de crecimiento, cuando es saludable, ocurre en todas dimensiones: en la dimensión individual (crecimiento espiritual), en la dimensión corporativa (incorporación a la congregación), en la dimensión santidad de vida (transformación progresiva de nuestro ser y hacer conforme al modelo de Jesucristo) y en la dimensión servicio (invertir la vida en el ministerio).

Dra. Mónica Mastronardi de Fernández
Editora General Libros de Escuela de Liderazgo

¿Cómo usar este libro?

Este libro que tiene en sus manos es para el curso introductorio: Descubriendo mi Vocación en Cristo, del programa Escuela de Liderazgo. El objetivo de este curso es ayudar a los miembros de las iglesias del Nazareno a descubrir sus dones y su llamado ministerial, y al mismo tiempo animarlos a matricularse en la Escuela de Liderazgo a fin de capacitarse para servir al Señor en su iglesia local.

¿Cómo están organizados los contenidos de este libro?

Cada una de las ocho lecciones de este libro contiene lo siguiente:

> **Objetivos:** estos son los objetivos de aprendizaje que se espera que el alumno alcance al terminar el estudio de la lección.

> **Ideas Principales:** Es un resumen de las enseñanzas claves de la lección.

> **Desarrollo de la lección:** Esta es la sección más extensa pues es el desarrollo de los contenidos de la lección. Estas lecciones se han escrito pensando en que el libro es el maestro, por lo que su contenido se expresa en forma dinámica, en lenguaje sencillo y conectado con las ideas del mundo contemporáneo.

> **Notas y comentarios:** Los cuadros al margen tienen el propósito de aclarar términos y proveer notas que complementan o amplían el contenido de la lección.

> **Preguntas:** En ocasiones se incluyen preguntas al margen que el profesor puede usar para introducir, aplicar o reforzar un tema de la lección.

> **¿Qué aprendimos?:** En un recuadro que aparece al final del desarrollo de la lección se provee un resumen breve de lo aprendido en la misma.

> **Actividades:** Esta es una página al final de cada lección que contiene actividades de aprendizaje individuales o grupales relativas al tema estudiado. El tiempo estimado para su realización en clase es de 20 minutos.

> **Evaluación final del curso:** Esta es una hoja inserta en la última página del libro y que una vez completada el alumno debe separar del libro y entregar a profesor del curso. La duración estimada para esta actividad de reforzamiento final es de 15 minutos.

¿Cuánto dura el curso?

Este libro ha sido diseñado para que el curso pueda enseñarse en diferentes modalidades:

<u>Como curso de 8 sesiones:</u>

En total se requieren 12 horas de clase presencial repartidas en 8 sesiones de 90 minutos. Los días y horarios serán coordinados por cada Institución Teológica y cada iglesia o centro local de estudios. Dentro de esta hora y media el profesor o la profesora debe incluir el tiempo para las actividades contenidas en el libro.

<u>Como taller de 3 sesiones:</u>

- Sesión plenaria de 90 minutos (lección 1).
- Seis talleres de 90 minutos cada uno. Los participantes asisten a uno de estos talleres conforme a sus dones más fuertes (lecciones 2 a 7).

- Última plenaria de 90 minutos (lección 8).

Ejemplo de cómo distribuir el tiempo para taller de un sábado:

Taller: Descubra su vocación en Cristo

8:00 am	Inscripción
8:30 a 10:00 am	Plenaria: Descubre tus dones espirituales
10:00 a 10:30 am	Receso
10:30 a 12:00 am	Talleres sobre Especialidades Ministeriales
12:00 a 1:00 pm	Almuerzo
1:00 a 2:30 pm	Plenaria ¿Cuál es mi función en el Cuerpo de Cristo?
2:30 a 3:00 pm	Receso
3:00 a 4:00 pm	Presentación de Escuela de Liderazgo y Prematrícula para Cursos Básicos

¿Cuál es el rol del alumno?

El alumno es responsable de:

1. Matricularse a tiempo en el curso.
2. Adquirir el libro y estudiar cada lección antes de la clase presencial.
3. Asistir puntualmente a las clases presenciales.
4. Participar en las actividades en clase.
5. Participar en la práctica ministerial en la iglesia local fuera de clase.
6. Completar la evaluación final y entregarla al profesor.

¿Cuál es el rol del profesor del curso?

Los profesores y las profesoras para los cursos de Escuela de Liderazgo son pastores/as y laicos comprometidos con la misión y ministerio de la Iglesia y de preferencia que cuentan con experiencia en el ministerio que enseñan. Ellos son invitados por el/la Director/a de Escuela de Liderazgo de la iglesia local (o Institución Teológica) y sus funciones son:

1. Prepararse con anterioridad estudiando el contenido del libro y programando el uso del tiempo en la clase. Al estudiar la lección debe tener a mano la Biblia y un diccionario. Aunque en las lecciones se usa un vocabulario sencillo, se recomienda "traducir" lo que se considere difícil de entender a los alumnos y alumnas, o sea, poner la lección en el lenguaje que ellos y ellas comprenden mejor.

2. Velar para que los/as alumnos/as estudien el material del libro y alcancen los objetivos de aprendizaje.

3. Planear y acompañar a los estudiantes en las actividades de práctica ministerial. Estas actividades deben programarse y calendarizarse junto al pastor local y el/la director/a del ministerio respectivo. Para estas actividades no debe descontarse tiempo a las clases presenciales.

4. Llevar al día la asistencia y las calificaciones en el formulario de Informe de clase. El promedio final será el resultado de lo demostrado por el/la estudiante en las siguientes actividades:

a. Trabajo en clase

    b. Participación en la práctica ministerial fuera de clase.

    c. Evaluación final

5. Recoger las hojas de "Evaluación", entregarlas junto al formulario "Informe de clase" al finalizar el curso al/ a la director/a de Escuela de Liderazgo local, esto después de evaluar, cerrar los promedios y verificar que todos los datos estén completos en el formulario.

6. Los profesores y las profesoras no deben agregar tareas de estudio o lecturas aparte del contenido del libro. Si deben ser creativos/as en el diseño de actividades de aprendizaje en clase y en planear actividades ministeriales fuera de clase conforme a la realidad de su iglesia local y su contexto.

¿Cómo enseñar una clase?

Se recomienda usar los 90 minutos de cada clase presencial de la siguiente manera:

- **5 minutos:** Enlace con el tema de la lección anterior y orar juntos.

- **30 minutos:** Repaso y discusión del desarrollo de la lección. Se recomienda usar un bosquejo impreso, pizarra o cartulina u otro disponible, usar dinámicas de aprendizaje y medios visuales como gráficos, dibujos, objetos, láminas, preguntas, asignar a los alumnos que presenten partes de la lección, etc. No se recomienda usar el discurso o que el maestro lea nuevamente el contenido de la lección.

- **5 minutos:** Receso ya sea en el medio de la clase o cuando sea conveniente hacer un corte.

- **20 minutos:** Trabajo en las actividades del libro. Esto puede realizarse al inicio, en el medio o al final del repaso, o bien se pueden ir completando actividades a medida que avanzan en los temas y conforme éstas se relacionan con los mismos.

- **20 minutos:** Discusión sobre la práctica ministerial que hicieron y que tendrán. Al inicio del curso se deberá presentar a los estudiantes el calendario de la práctica del curso para que ellos hagan los arreglos para poder asistir. En las clases donde se hable sobre la práctica que ya hicieron, la conversación debe ser dirigida para que los alumnos compartan lo que aprendieron; tanto de sus aciertos, como de sus errores, así como de las dificultades que se presentaron.

- **10 minutos:** Oración por los asuntos surgidos de la práctica (desafíos, personas, problemas, metas, agradecimiento por los resultados, entre otros).

¿Cómo hacer la evaluación final del curso?

Asigne 15 minutos de tiempo a los y las estudiantes en la última clase del curso. Si fuera necesario ellos y ellas pueden consultar sus libros y Biblias. Las evaluaciones finales se han diseñado para ser una actividad de reforzamiento de lo aprendido en el curso y no una repetición memorística de los contenidos del libro. Lo que se propone con esta evaluación es medir la comprensión y la valoración del estudiante hacia los temas tratados, su crecimiento espiritual, su progreso en el compromiso con la misión de la iglesia local y su avance en experiencia ministerial.

Actividades de práctica ministerial

Las siguientes son actividades sugeridas para la práctica ministerial fuera de clase. En la lista abajo se incluyen varias ideas para ayudar a los profesores, pastores, director de Escuela de Liderazgo local y directores locales de ministerio. De ellas se puede escoger las que más se adapten a la realidad contextual y el ministerio de la iglesia local o bien pueden ser reemplazadas por otras conforme a las necesidades y posibilidades.

Se recomienda tener no menos de tres actividades ministeriales por curso. Puede poner a toda la clase a trabajar en un mismo proyecto o asignar tareas en grupos según sus intereses, dones y habilidades. Es recomendable involucrar a los alumnos y alumnas en una variedad de experiencias ministeriales que sean nuevas para ellos y ellas.

Actividades ministeriales sugeridas para el curso Cuidando las ovejas

1. Organizar un taller sobre el llamado a la pastoral juvenil, invitando a un pastor de jóvenes con experiencia o un/a profesor/a del seminario.

2. Realizar una encuesta entre los jóvenes de la iglesia para identificar las crisis por las que están atravesando (lección 7).

3. Programar una tarde de cine y palomitas para el grupo de jóvenes. Escojan una película cristiana que trate sobre personas que eran esclavas del pecado y fueron restauradas. Preparen preguntas para motivar la conversación al final.

4. Visitar a jóvenes de la iglesia que han dejado de asistir para conocer si están en buena disposición para volver al camino del discipulado y continuar el proceso de restauración con ellos.

5. Preparar un programa especial para informar a la iglesia sobre la historia y el legado de la JNI (Ampliar la información de la lección 5 con una investigación en páginas de la Iglesia del Nazareno en Internet). Al finalizar recoger una ofrenda especial y/o hacer ventas de comidas para recaudar fondos para los proyectos del ministerio local de jóvenes.

6. Organizar talleres invitando expertos sobre el acompañamiento en las crisis, la escucha activa, las crisis de la edad juvenil, entre otros temas relativos a este curso, para los líderes o la congregación en general.

7. Diseñar un plan para formar una pequeña biblioteca para la iglesia con libros sobre temas de pastoral de jóvenes, crisis juveniles, consejería a jóvenes, entre otros temas relacionados a este curso, que servirán para que los interesados se capaciten.

8. Organizar una actividad que sea interesante (hacerlo de manera creativa) sobre el tema: Vocación y llamado pastoral. Invitar a un representante del Seminario para informar a los jóvenes sobre los programas que se ofrecen en nuestros seminarios para formarse en los ministerios de pastoral juvenil y consejería cristiana.

Lección 1

Llamados
a cuidar las ovejas

Objetivos

- Comprender la imperiosa necesidad de ministrar a la juventud.
- Identificar diversas formas de atender las necesidades de la juventud actual.
- Involucrarse en el desarrollo de una pastoral juvenil efectiva.

Ideas Principales

- La pastoral juvenil es un llamado pastoral específico de Dios.
- Toda iglesia saludable comprende el valor de desarrollar ministerios efectivos y relevantes a los jovenes de hoy.
- La inversión en el discipulado de los jóvenes garantiza la continuidad de la iglesia.

Introducción

Hace ya varios años comenzó en el mundo de las profesiones la especialización en cada asignatura. Hoy contamos con especialidades que nadie imaginó en el siglo 20. Desde un aspecto, esto es negativo porque se ha descuidado la cultura general y hoy, por ejemplo, contamos con expertos en ciertas ramas de la política, pero totalmente ignorantes en la literatura; pero desde el lado positivo, esto beneficia a todas las instituciones, porque cada persona puede dedicarse de manera efectiva a algo muy específico y, así, la visión se amplía, el diálogo se mejora, el crecimiento es notable y los campos de influencia se establecen con propósitos más definidos.

Especialistas

En la siguiente sección hablaremos sobre la tarea específica del pastor de jóvenes.

¿Por qué muchas personas –líderes, pastores y feligreses en general– piensan que la pastoral juvenil es una especie de "peldaño" para luego ser pastor titular de una iglesia? La verdad es que hoy, en este mundo de especializaciones, la iglesia también necesita responder a los desafíos que se nos presentan: Necesitamos especialistas en las diversas áreas de ministerio en nuestras comunidades de fe.

Hoy los médicos generales no pueden atender todos los casos de salud pública; necesitan a un especialista que, puntualmente, trabaje en áreas donde la medicina general apenas puede intuir lo que está sucediendo. ¡Eso ha sido un avance en las ciencias de la salud! (como en muchos otros campos). Entonces, ¿por qué en las iglesias locales no desarrollamos ministerios específicos para atender diferentes necesidades de los grupos meta?

Cuando hablamos de liderazgo juvenil, pastoral juvenil, comunidad juvenil, ministerio juvenil, estamos hablando de una persona que se ha especializado en el trabajo con jóvenes, los cuales tienen necesidades específicas y requieren atención muy distinta a la de los adultos, niños o ancianos, y buscan una orientación más informal. Pero el pastor juvenil no tiene una "iglesia juvenil" –como una especie de burbuja– dentro de la iglesia en general; no trabaja para sí mismo ni esperando que su ministerio pastoral sea el único y que solamente él ofrezca ayuda a los feligreses jóvenes; muy al contrario, el pastor juvenil está ministrando a una generación específica, pero recordando siempre que (1) los jóvenes algún día serán adultos y (2) la comunidad juvenil es parte de la dinámica de la iglesia local.

¿Podemos imaginar una iglesia local donde trabajen muchos especialistas atendiendo las diversas necesidades que se presentan de forma natural en las distintas generaciones?

Razones de una pastoral juvenil

A continuación veremos las razones por las que desarrollar ministerios juveniles.

¿Cuáles son las razones por las cuáles debemos desarrollar ministerios juveniles específicos en cada iglesia local? Veamos las razones que lo justifican:

1. En la Biblia Dios ha llamado a personas de diversas edades y a distintos ministerios. Hay dos pasajes que contrastan entre sí en Génesis 17:1 y en 1 Samuel 3:1-14. Dios llamó a un anciano de noventa y nueve años de edad ¡para que, a partir de ese momento, *"anduviera delante de Él y fuese intachable en su conducta"*, pero también llamó a ¡un jovencito! para que, pasados los años, fuese juez, sacerdote y profeta en Israel.

Nuestro Dios llama a personas de todas las edades; pero no solo eso, sino que a esas personas las llama a diferentes ministerios. Dios llamó a artistas (Éxodo 31:1-11), sacerdotes (Éxodo 28:40-41), jueces (Jueces 6:11-23), reyes (1 Samuel 16:1), profetas (Miqueas 1:1), evangelistas (Lucas 8:38-39), pastores (Juan 21:15-19), padres y madres (Lucas 1:5-25, Lucas 1:26-38), intercesores (Hechos 9:10-19), misioneros (Gálatas 1:11-24) y maestros (1 Juan 2:28-29), entre muchos otros. Hoy como ayer, confirmando la Palabra escrita de Dios, Él llama a personas para que sean sus instrumentos y ayuden a personas en un contexto histórico específico. Hoy está llamando a jóvenes y adultos, varones y mujeres, para atender a las nuevas generaciones con sus necesidades específicas.

El 73 por ciento de las personas hoy cuenta con un teléfono móvil. (El mundo en 100).

2. La Iglesia, a lo largo de la historia, ha reconocido el llamado específico de Dios. Desde los apóstoles (Efesios 4:11-13) hasta los obispos y diáconos de las iglesias, pasando por los Padres apostólicos, los apologistas del siglo 3, los monjes, los maestros dedicados a la educación, los científicos, los primeros traductores europeos de la Biblia, los reformadores de la iglesia, los teólogos, y los misioneros, pastores y evangelistas. Es tiempo de reconocer también ese sentir que Dios ha puesto en muchas personas para ministrar con su Palabra a las nuevas generaciones.

3. El mundo hoy cuenta con más personas jóvenes que en toda su historia. Para el año 2016 más del 50 por ciento de la población global tenía entre los 25 y los 34 años de edad.

Lección 1 - Llamados a cuidar ovejas

4. Muchos jóvenes lideran el mundo hoy en diversas esferas sociales. Gracias a herramientas nuevas que se han vuelto imprescindibles en la cotidianidad global, hoy muchas personas jóvenes están al frente de las instituciones. El fundador y CEO de Facebook es un joven. Los personajes más seguidos en las redes sociales son, en su mayoría, jóvenes –y cada vez que expresan algo se convierten en las voces que representan el pensamiento contemporáneo. Los cantantes y actores del mundo de la farándula son, casi todos, jóvenes que inundan con su imagen y sus ideas las pantallas y los canales de música; todo el quehacer de multimedia y de difusión en las redes sociales es manejado por jóvenes.

Lo mismo está sucediendo en la iglesia, aunque a menor escala. Debemos reconocer, sin embargo, que estamos siendo ministrados por pastores que, relativamente y sobre todo en comparación con quienes eran pastores a principios del siglo pasado, son jóvenes y, en muchos casos, famosos; la industria de la música, la alabanza y la adoración, es comandada por grupos de personas muy jóvenes.

5. La iglesia ha desatendido a la juventud y a la adolescencia. Cuando observamos nuestros templos e iglesias vemos que mucho se ha diseñado para los adultos, por ejemplo:

- Estructura del edificio

- Formato del culto público

- Ministerios

- Personas que lideran esos ministerios

- El estilo de las predicaciones, reflexiones bíblicas y conferencias

- El diseño de eventos y actividades

- Ritmos de música y cantos que se entonan, etc.

¿Es tu iglesia local una comunidad enfocada a atender a adolescentes y jóvenes?

Cuando observamos la realidad de muchas de nuestras iglesias vemos que no se han considerado las necesidades y gustos de los adolescentes y jóvenes. Puede que en nuestra iglesia local eso no ocurra, pero esto es lo que vemos con más frecuencia. A lo largo y ancho de nuestro continente vemos países donde la iglesia evangélica está presente. Podemos decir que sí, atendemos a los adultos. Diseñamos nuestros cultos públicos y nuestros eventos para que los adultos escuchen el mensaje y respondan al llamado de Dios; queremos que las tradiciones supervivan, a pesar de que hoy hay menos adultos que jóvenes en la sociedad. Es muy interesante ver cómo la sociedad está llena de jóvenes, pero no las iglesias. ¿Será esto fruto de nuestra indiferencia? ¡Los jóvenes no están con nosotros porque no hemos diseñado una iglesia para alcanzar a las nuevas generaciones!

Propósitos de una pastoral juvenil

Ahora hablaremos de los objetivos del ministerio pastoral para la juventud.

¿Cuáles son los objetivos de desarrollar una pastoral juvenil en nuestras congregaciones? Veamos:

1. Para que la iglesia exista en el futuro. Si invertimos solamente en los adultos o en los ancianos, estaremos destinados a desaparecer como iglesia. Si invertimos en las generaciones más jóvenes, entonces estamos invirtiendo en una continuidad natural de la iglesia.

Esto lo sabe el mundo, y lo usa para perpetuar sus valores. Las grandes industrias usan los medios de comunicación masiva e invierten en ellos miles de millones de dólares a través de una película, una serie en internet, un programa de televisión o un comercial de veinte segundos, solo para que esa información, esa invitación de consumo o ese entrenamiento llegue a las mentes más jóvenes, y estas adquieran lo que ellas producen (un objeto, una idea, un valor).

Nuestros programas, nuestros eventos, el tipo de música que usamos para la alabanza, el tipo de predicaciones y los ministerios en nuestra iglesia local necesitan estar pensados en la iglesia que seguirá aun cuando nosotros ya no estemos aquí. ¡Pensemos en el futuro de la iglesia!

2. Para que la iglesia sea relevante. La iglesia es un espacio en donde todas las personas son bienvenidas. La buena noticia que Dios nos envió a través de Jesucristo no es de exclusión, sino de inclusión, es una noticia de salvación para absolutamente todas las personas.

Si queremos una iglesia que sea relevante para la sociedad, tenemos que pensar en que necesitamos atraer a personas que piensen diferente, que quieran hacer cambios, como lo jóvenes. ¡Incluyamos un ministerio pastoral para los jóvenes de hoy en nuestras iglesias!

3. Para que la iglesia sea sana. Los jóvenes, sobre todo los adolescentes, cuestionan todo, y eso no es fácil de tolerar cuando somos nosotros los examinados (lo que decimos o hacemos). Pero cuando en lugar de rechazarlos, les abrimos nuestra mente y corazón, podemos aprovechar este proceso para adecuar las formas y las estrategias en que compartimos el mensaje y formamos nuevos discípulos.

Los jóvenes son por naturaleza personas críticas, que van a expresar lo que sienten o piensan con sinceridad, sin intentar quedar bien a todas las personas. Éste ejercicio resulta muy saludable para el trabajo de la iglesia. Contar con personas que estén dispuestas a cambiar el mundo en el nombre de Jesucristo será fundamental para cumplir con la misión que nos encomendó nuestro Señor expresada en Mateo 28:18-20.

> *Si invertimos solamente en los adultos o en los ancianos, estaremos destinados a desaparecer como iglesia.*

> *Relevante: algo importante o significativo, sobresaliente o destacado.*

> *¿Qué cambiarías en el ministerio de jóvenes de tu iglesia para que sea relevante a la juventud actual?*

Lección 1 - Llamados a cuidar ovejas

La forma es el mensaje

Ahora vamos a ver la importancia del medio que transmite el mensaje.

1. El ejemplo. La manera en que decimos o hacemos algo, dice mucho. Por ejemplo en una relación matrimonial se puede escuchar de muchas formas un "te amo". De igual manera en la pastoral juvenil necesitamos hacer y decir las cosas más relevantes de la mejor manera posible. Y la manera más efectiva de transmitir el mensaje es con nuestro ejemplo de vida, ya que cada persona puede observarnos y aprender.

2. La precisión. Pero no es suficiente nuestro ejemplo, también necesitamos ser precisos. Los jóvenes tienen la capacidad de captar una imagen e interpretarla en milésimas de segundos, ¿por qué entonces predicarles con un sermón largo y tedioso?

3. Acciones más que palabras. Los jóvenes, como las personas de casi todas las edades, no aprenden algo por tan sólo escuchar las palabras, es decir, no consideran relevante algo si solamente lo escuchan. Hoy no solo tenemos a generaciones más visuales, sino a generaciones proclives a asuntos más prácticos. Entonces, en lugar de hablar tanto del amor al prójimo, mejor salgamos con los jóvenes a brindar ayuda a personas necesitadas en nuestra comunidad.

4. La convivencia. Los jóvenes no permanecerán donde no se sientan amados. Por ende, es indispensable cuando les ministremos crear un ambiente agradable. Hay que planer actividades que faciliten el compañerismo: tiempo para saludar, una actividad rompehielos, ejercicios que incluyan movernos, relacionarnos, reír y conocernos mejor, mientras aprendemos y crecemos juntos en la fe.

Premisas impostergables

En esta última sección veremos aspectos importantes para ministrar a los jóvenes.

Concluiremos con siete pilares que deberían guiar nuestro ministerio pastoral para los jóvenes. Todos estos principios los encontramos modelados en el ministerio de Jesucristo:

1. Enfocarnos no en la multitud, sino en los individuos (Lucas 8:40-55).

2. Apreciar lo bueno de las personas, y afirmarles (Juan 1:43-51).

3. Invertir en quienes quieren permanecer en la comunidad (Mateo 19:16-30).

4. Mantener buenas relaciones con cada persona de la comunidad (Mateo 7:7-12).

> *El medio es el mensaje (Marshall McLuhan).*

> *Somos lo que hacemos, no lo que pensamos ni lo que sentimos.*

5. Planear actividades y eventos siempre con propósito (Juan 13:1-17).

6. Mantener la visión siempre con una perspectiva hacia fuera del templo, hacia quienes aun no conocen a Jesucristo (Lucas 6:27-42).

7. Evaluar continuamente todo lo que hacemos críticamente (Lucas 14:25-35).

¿Qué Aprendimos?

Dios llama de manera específica a los pastores y pastoras de jóvenes. Ser pastor de jóvenes es algo que Dios puede y quiere usar en este tiempo histórico. La pastoral juvenil es un ministerio fundamental que necesitamos desarrollar para que la iglesia crezca saludable y permanezca.

Actividades

Tiempo 20'

INSTRUCCIONES:

1. Respondan en grupos de 3 a 4 integrantes: ¿Hay personas capacitadas laborando en áreas muy específicas para el desarrollo integral de nuestra iglesia local, o más bien somos una congregación que deja la responsabilidad en un pastor y en unos pocos líderes que se ocupan de todo el trabajo?

_____
_____

2. En los mismos grupos, elaboren una lista de 5 ideas respondiendo a las siguientes preguntas: ¿Qué podemos hacer como iglesia local para atraer e involucrar a las nuevas generaciones? ¿Qué podemos cambiar en las actividades que realizamos en nuestra congregación semanalmente y mensualmente?

_____
_____
_____
_____
_____

3. Responde y luego comparte tu respuesta con la clase:

¿Los jóvenes de la congregación están aprendiendo a vivir cristianamente? En otras palabras, sus vidas están siendo transformadas conforme al modelo de Jesucristo o solo están escuchando el mensaje?

_____
_____

¿Qué acciones podrían comenzar a implementar en el ministerio juvenil? Menciona 2 o 3 actividades que hablen más fuerte que palabras para transmitir el mensaje del amor de Dios.

_____
_____
_____

4. ¿A cuántos jóvenes no creyentes hemos invitado a las actividades? ¿Cuántos se han quedado? Evalúen cómo se sienten los jóvenes que vienen por primera vez: ¿Qué les gustó? ¿Qué es lo que no les agradó? ¿Qué deberíamos cambiar para que los invitados se sientan a gusto y deseen volver e integrarse al grupo?

_____
_____

5. ¿Cuántos jovenes conocen entre toda la clase que aún no mantienen una relación con Cristo?

Al escribir la cantidad aproximada de los no alcanzados, terminen con un tiempo de oración para que Dios les use a llevar la buena noticia a ellos y ellas.

Notas

Lección 2

UNA VOCACIÓN Y UN LLAMADO

Objetivos

- Definir el llamado y la vocación al pastorado de jóvenes.
- Identificar las bases bíblicas de la vocación pastoral.
- Conocer los requisitos de carácter del líder juvenil.

Ideas Principales

- Es importante estar seguro del llamado de Dios para iniciarse en un ministerio.
- El joven pastor debe tener la certeza de que Dios no deja ni desampara a quienes llama.

Introducción

En la presente lección aprenderemos sobre el carácter de los líderes juveniles, el llamado y la vocación al ministerio pastoral juvenil y las bases bíblicas para cuidar las ovejas en la pastoral juvenil. Es decir, vamos a estudiar lo que la Biblia dice respecto a este ministerio pastoral.

Es muy emocionante reflexionar que, tanto los profetas del Antiguo Testamento como los escritores sagrados del Nuevo Testamento, revelan que una de las ocupaciones principales de nuestro Padre Celestial es la de pastorear a su pueblo. Desde los tiempos del Antiguo Testamento los creyentes concibieron al Creador como su Dios Pastor (Salmos 23:1).

Requisitos éticos y morales de los líderes juveniles

En esta sección hablaremos de las normas éticas para los líderes juveniles.

En primer lugar, los líderes juveniles deben ser convertidos a Cristo; estar viviendo una experiencia de relación profunda con Jesucristo; deben ser no solo lectores, sino personas que mediten en la Palabra para su formación espiritual, y que modelen al Señor en sus vidas con el propósito que sus liderados sigan su ejemplo: *"Sed imitadores de mí, así como yo de Cristo"* (1 Corintios 11:1 RVR 1960). Esta experiencia gloriosa producirá una pasión especial para entender y amar a los adolescentes y jóvenes que requieren mucha atención y ayuda.

En segundo lugar, los líderes deben ser personas de oración y permitir al Espíritu Santo que los guíe y los eduque, a fin de que vivan un estilo de vida santo. El pastor o la pastora juvenil debe ser respetuoso/a con sus liderados, especialmente con las personas del sexo opuesto. Debe vivir en pureza en todas las áreas de su vida, incluyendo el área sexual, dándo siempre buen ejemplo a los jóvenes.

En tercer lugar, los líderes juveniles deben recordar que sirven a un Dios Santo. La Biblia declara que es tres veces Santo y que nos invita a vivir en su santidad: *"Santos seréis porque Santo soy yo Jehová vuestro Dios"* (Levítico 19:2 RVR 1960).

> Miren, el Señor omnipotente llega con poder, y con su brazo gobierna.
> Su galardón lo acompaña; su recompensa lo precede.
> Como un pastor que cuida su rebaño, recoge los corderos en sus brazos; los lleva junto a su pecho, y guía con cuidado a las recién paridas.
> (Isaías 40:10-11).

El llamado pastoral

Es esta sección ahondaremos sobre el llamado de Dios y sus implicaciones.

El llamado de Dios es lo que produce convicción en una persona que está sirviendo en la iglesia; es lo que le provee un sentido de identidad y un propósito a su existencia. Como ejemplo, en el Antiguo Testamento Dios llamó a Jeremías al ministerio profético, y este llegó a ser profeta por un llamado divino (Jeremías 1:4-7). La misma experiencia tuvieron Moisés (Éxodo 3:4) y Gedeón (Jueces 6:14-16). La respuesta humana cuando hay un llamado de esta naturaleza en ocasiones es negativa, debido a su temor a lo desconocido o a realizar una obra de inmensa responsabilidad. Cuando Dios llama siempre promete su apoyo y su presencia para la misión que encomienda a sus llamados.

Así como Dios llamó a estos siervos en el pasado para realizar ciertos servicios específicos, Él sigue invitando a los jóvenes de hoy. Dios nos llama a servirle en obediencia, Dios no nos llama porque seamos perfectos, sino que conoce nuestras limitaciones, nuestras debilidades, pero lo más importante, quiere usar nuestras fortalezas.

Es importante estar seguro del llamado de Dios para iniciarse en un ministerio. Israel como nación tenía una identidad y llegó a conformarse en una nación fuerte cuando aceptó el llamado del Señor para ser su pueblo de gente santa (Deuteronomio 7:6). En esta línea de pensamiento el Dr. Wilfredo Canales dice: *"La vocación del pueblo Dios tiene como marco el llamado que ha recibido del Señor que lo ha convocado. Como lo recordaba Barth, el significado de la palabra ekklesia es 'una asamblea que ha venido a existencia a través de un llamado'"* (citado por Poerwowidagdo, 1994, p. 9).

El joven y la joven que sirven como pastores, lo hacen solo porque han reconocido el llamado de Dios al ministerio pastoral. El joven guatemalteco Gerson Chupina Coronado tenía una fuerte inclinación por el servicio misionero, pero el Señor lo llamó al ministerio pastoral y, hoy, se encuentra muy feliz pastoreando en una la iglesia local. Junto a él se desempeña como pastora de jóvenes Eva Luc. Ambos egresaron de la academia juvenil y, posteriormente, siguieron sus estudios en diploma en ministerio cristiano. Ahora estos jóvenes se desempeñan como pastores. ¡Gloria a Dios!

La seguridad personal acerca del llamado es importante y es requerido para evitar renuncias prematuras o desánimos en el ministerio, como lo afirma James E. Giles en su libro De pastor a pastor: *"Este llamado se exige para evitar frustraciones que se puedan presentar en dicho llamado"* (p. 31).

Gerson Chupina Coronado es un joven ministro que está liderando la Iglesia del Nazareno en Cobán Central, fundada en 1908, en Guatemala.

Academia juvenil:
Visión: Ser una academia de excelencia que capacita al liderazgo juvenil para que responda al llamado de ministrar a los adolescentes y jóvenes.
Misión: Ser la pastoral que acompañe a los líderes y jóvenes en su llamado y en su proceso de preparación ministerial de forma que afronten los desafíos de una nueva generación.
Objetivo General: Formar, capacitar y desarrollar liderazgo y excelencia en el área pastoral de jóvenes y adolescentes por medio de los saberes teóricos, técnicos y prácticos.

La vocación ministerial para el líder juvenil

En esta sección veremos los principios de la vocación pastoral en el A.T. y N. T.

> *Cuando veo que miles de jóvenes enfilan por el camino de muerte, siento que me caigo a los pies de Jesús en oración y lágrimas para ir y salvarlos (D.L. Moody).*

Existe una relación muy estrecha entre vocación y llamado, pero aquí nos enfocaremos en la vocación pastoral. Muchas personas tienden a confundir que vocación y llamado es lo mismo, pero esto no es cierto. La vocación tiene que ver con aquellos impulsos internos por ejecutar aquellas cosas que te gustan hacer, por ejemplo, la pasión por ser pastor, la pasión por servir, liderar, aconsejar, liderar, guiar, etc. Por ejemplo al autor de ésta lección le encanta ser pastor, es algo que le apasiona.

Es bueno aclarar que todo deseo de servir al Señor requiere la disposición a hacerlo de manera excelente, así como lo hicieron los siervos de Dios en el Antiguo Testamento. Dios lideró a su pueblo con poder y amor, por medio de hombres y mujeres como nosotros, pero que fueron llamados (Salmo 77:20). Dios no solo usó a personas en la edad adulta como Moisés y Aarón, sino que también usó a un jovencito llamado David, quien a pesar de su poca edad había demostrado pericia, vocación, habilidad y destreza en el cuidado del rebaño (Salmo 78:70-72).

En el Nuevo Testamento encontramos un paradigma de pastoral vibrante que tenemos que apreciar cuidadosamente. En Juan 10:11-17 (RVR 1960) encontramos el modelo de Jesús, quien declara en el vrs. 11: *"Yo soy el buen pastor, el buen pastor su vida da por las ovejas."* Por el contexto entendemos que Jesús habló de los pastores que realizan la tarea pastoral por dinero, pero la pastoral que nos mostró Jesucristo es aquella que se ejerce por amor, y que incluye hasta el sacrificio. Seguidamente Jesús vuelve a declarar en el vrs. 14, *"Yo soy el buen pastor; y conozco mis ovejas y las mías me conocen."* Es inevitable preguntarnos: ¿Conocemos a nuestras ovejas? ¿Qué y cómo hacemos para conocerlas mejor a cada una? ¿Nuestras ovejas nos conocen? ¿Somos como un libro abierto para ellas, o tenemos asuntos privados que les ocultamos?

Paradigma: *patrón o modelo. Se emplea para indicar un patrón, modelo, ejemplo o arquetipo.*

Sin embargo algunos pastores insisten en mantener su vida alejada de las ovejas y no cultivan relaciones cercanas con los miembros de la iglesia. Hay pastores que son fríos y distantes en el trato con los miembros, su contacto con las ovejas es desde el púlpito al momento de la predicación. ¿Es eso lo que enseña Jesús en el versículo 14?

Siguiendo el ejemplo del Buen Pastor, el pastor juvenil debe ser respetuoso y amoroso en el trato con los jóvenes cristianos y no cristianos. Veamos cómo Jesús trata a los no creyentes en el vrs. 16, no les llama "impíos" o "pecadores"; ni mucho menos "hijos del diablo". Jesucristo dijo: *"También tengo otras ovejas que no son de este redil; aquellas también debo atraer, y oirán mi voz; y habrá un rebaño, y un pastor."* Estas ovejas, obviamente, éramos nosotros –que en algún tiempo estábamos descarriados y sin esperanza, antes de que Dios nos buscara en su gracia (Lucas 15:4-7). De la misma manera nosotros debemos mostrar misericordia a todo joven ya que es valioso ante los ojos del Señor. ¿Qué valor tiene para nosotros ese adolescente, ese jovencito o aquella señorita por los cuáles el Señor dió su vida en la Cruz?

El modelo de Dios

Vamos a estudiar juntos lo que la Biblia dice como base del ministerio juvenil.

El pasaje de Jeremías 3:14-15 (RVR 1960) dice: "... *os daré pastores según mi corazón, que os apacienten con ciencia y con inteligencia.*" Dios, en su bondad, nunca se cansa de tomar iniciativa en llamar a las ovejas a un cambio de vida; asimismo les promete pastores sabios que miren siempre a Dios para guiar correctamente a sus liderados. Esto implica que si Dios llama a jóvenes al ministerio también los llama a preparase bíblica y teológicamente.

En Isaías 40:10-11 encontramos el modelo de Dios brindando un cuidado integral a su pueblo: Buen alimento, cuidando a los corderitos (recién convertidos) y a las ovejas que se multiplican (los que hacen discípulos).

Dios llamó al joven Gedeón para liberar a su pueblo de la opresión de los madianitas (Jueces 6:14-16); Dios convocó a Josué para la tarea de pastorear a su pueblo, al decirle: *"levántate"* (Josué 1:2); también llamó a Sansón, desde antes de nacer, para la misión de salvar a Israel de los filisteos (Jueces 13:5-24); así también llamó a David, cuando Samuel lo ungió (1 Samuel 16:11-13).

En el Nuevo Testamento encontramos a Jesús llamando a Juan y a Andrés (Juan 1:38-40). Dios usó a Pablo, que trabajó con jóvenes como Timoteo, Silas y Juan Marcos (Colosenses 4:10, Hechos 13:13; 16:1-3).

El joven pastor debe tener la certeza de que Dios no deja ni desampara a quienes llama. Él estuvo con Daniel y los demás jóvenes, quienes con su fe y testimonio engrandecieron su Nombre (Daniel 3:24-25; 28); más tarde Daniel fue echado al foso de los leones y estos se pusieron amables con él porque Dios estaba presente. El resultado fue un edicto del rey Darío para que todas las naciones conocieran al Dios de Daniel (Daniel 6:16-28).

Cuando Daniel se enteró de la publicación del decreto, se fue a su casa y subió a su dormitorio, cuyas ventanas se abrían en dirección a Jerusalén. Allí se arrodilló y se puso a orar y alabar a Dios, pues tenía por costumbre orar tres veces al día (Daniel 6:10).

El pastor juvenil es un representante de Dios, quien debe aconsejar con ética; a él llegan los hermanos y amigos en la fe para derramar sus lágrimas (Dr. Kittim Silva).

Consejos prácticos para el cuidado de las ovejas

Veamos otros aspectos importantes del ministerio pastoral.

Para finalizar veamos algunas cosas importantes que los pastores de jóvenes deben poner en práctica:

Lección 2 - Una vocación y un llamado

- Un ministerio fructífero se basa en la oración (Daniel 6:10, Lucas 6:12; Marcos 1:35).

- Todo ministerio comienza con un llamado divino (Hechos 13:2).

- El llamado puede venir en una variedad de formas, pues Dios es soberano en asuntos ministeriales (Juan 15:16).

- El llamado también puede iniciar cuando Dios le muestra al escogido la necesidad de liderazgo de su pueblo (Josué 1:2; Éxodo 3:4-10).

- Todo líder juvenil debe meditar en la Biblia para que esa llama arda en su interior, a fin de enseñar la Palabra y también ser un modelo para sus liderados (San Juan 5:39; 1 Corintios 9:16; 11:1).

- Recordar que las ovejas son del Señor y tienen un valor especial, por lo tanto, hay que cuidaras y guiarlas para que vivan confome a la voluntad de Dios (Éxodo 3:1-3; Lucas 15: 4-7).

¿Cuál es nuestra función como líderes juveniles? Apacentar a los corderos y ovejas. ¿Cómo debemos cuidar a las ovejas? Siendo ejemplos y con abnegación (1 Pedro 5:1-3).

¿QUÉ APRENDIMOS?

Dios sigue llamando a jóvenes comprometidos y dispuestos a liderar a las nuevas generaciones y nos ha provisto enseñanza y ejemplos en su Palabra sobre cómo debemos pastorear a las ovejas del Señor.

Actividades

INSTRUCCIONES:

1. En grupos de 3 a 4 integrantes hagan una lista de las cualidades del buen pastor según Juan 10:11-17 y luego compárenlo con los modelos de los pastores de hoy.

2. Defina en sus propias palabras los siguientes términos:

Vocación: _____

Llamado: _____

3. ¿Ha sido llamado o llamada a pastorear a los jóvenes? ¿Cómo ha sido esa experiencia?

4. ¿Qué consejos le daría a un joven o jovencita que reciéntemente ha sido llamado/a por Dios al ministerio pastoral juvenil?

Notas

Lección 3

Conociendo al rebaño

Objetivos
- Comprender que los cambios generacionales suceden permanentemente.
- Reflexionar sobre las características de las generaciones juveniles.
- Considerar dichas características como oportunidades para ministrarles.

Ideas Principales
- Hablar en términos generacionales nos ayuda a comprender la conducta y la cosmovisión de los adolescentes y jóvenes.
- Las nuevas generaciones también pueden ser alcanzadas por el evangelio de Dios en Jesucristo.

Introducción

En 2016 la edad promedio de los habitantes en toda Latinoamérica (incluyendo, por supuesto, los países de nuestra región) era de 27 años de edad.

Los jóvenes son mayoría en nuestros países; pero además son quienes están al frente de muchas instituciones (educativas, políticas e informáticas, principalmente) y ocupando siempre puestos clave en la sociedad para definir lo que actualmente sucede.

Grupos generacionales

Veamos algunas características generales que identifican a las generaciones.

Aristóteles:
Filósofo, lógico y científico griego (384-322 a. C.). Sus ideas influenciaron en gran manera la cultura del mundo occidental.

Desde la obra Retórica (libro segundo, capítulo 12), Aristóteles ya había reconocido que en cada edad hay características básicas que definen a las personas y, gracias a eso, podemos considerarlas en grupos según su edad. Aunque estos grupos no contienen fronteras rígidamente definidas, en muchos casos es más que evidente la manera en que desarrollan su vida, piensan acerca de las cosas y responden ante situaciones que se les presentan. De igual manera cada grupo comparte vivencias, hábitos, valores y hasta sentimientos.

Aunque las características de éstos grupos puede variar en diferentes épocas de la historia, hoy en muchas culturas el concepto de juventud se considera como una etapa diferente a la niñez y a la adultez. Actualmente las ciencias clasifican las etapas de desarrollo humano en diez períodos diferenciados. En el siguiente cuadro podemos apreciar los primeros cinco niveles desde el nacimiento hasta la preadolescencia:

Neonatal (0-1 año) → Maternal (1-3 años) → Preescolar (3-6 años) → Escolar (6-11 años) → Preadolescencia (11-12 años)

En el segundo gráfico se incluyen las cinco etapas que abarcan desde la adolescencia hasta la vejez:

La vida juvenil

Veamos ahora los aspectos generales de los adolescentes y jóvenes.

Cuando Salomón escribe al joven: *"Alégrate, joven, en tu juventud; deja que tu corazón disfrute de la adolescencia. Sigue los impulsos de tu corazón y responde al estímulo de tus ojos…"* (Eclesiastés 11:9), está señalando algo que es muy notorio en esa etapa de la vida. Los jóvenes son quienes se dedican a disfrutar la vida. No se trata solamente de placeres efímeros, sino de actividades y aún hábitos que los jóvenes realizan y en los que encuentran sentido de la realidad; esto es, no solo los encuentros amorosos, el ocio y los deportes, sino también el estudio y el trabajo –pues saben que, si son buenos en estos, podrán obtener beneficios mayores a corto, mediano y largo plazo.

Los adolescentes y jóvenes de hoy pronto descubren que tienen mucho "poder" en sus manos al ser la primera generación en la historia humana nacida en un mundo digital. En un mundo globalizado son ellos y ellas los mejores para manejar con pericia los aparatos digitales, la informática y todas las redes sociales. Ellos y ellas son quienes, por primera vez en la historia, quienes enseñan a los adultos, quienes diseñan y pautan las reglas de socialización, lo que debe hacerse o no en términos de aplicaciones (apps), en el uso del lenguaje y la comunicación virtual (comentarios, etiquetas, gráficos, fotos), los valores y los nuevos significados e interpretaciones de todo en el mundo de hoy.

Hoy son muchos los jóvenes que centran su energía en tres cosas que quieren poseer: dinero, sexo y poder. Ya Karl Marx, Sigmund Freud y Friedrich Nietzsche; anticiparon en su tiempo que la humanidad iba rumbo a considerar estas cosas como el máximo bien (el más grande placer). Hoy, a diferencia del siglo pasado, los jóvenes no siguen los oficios de su familia, ni las carreras que se enfocan en el servicio al prójimo. Muchos jóvenes quieren tener el poder que otorga el dinero, si importar el precio. Siguen el modelo de los "famosos" como aquel cantante, el actor, el deportista, el 'twistar', el 'youtuber', el político o activista y hasta el narcotraficante. La meta es obtener mucho dinero, rápido y fácil.

Varios narcotraficantes han aparecido en la lista de los multimillonarios en la revista Forbes. Series en internet o TV promueven de manera atractiva el estilo de vida de estos delincuentes, que se mueve alrededor del dinero, el sexo y el poder.

Esta etapa es tambien de mucha frustración para algunos jóvenes, quienes no logran ver nada bueno en su futuro o no tienen un proyecto de vida. Además de esto viven la gran decepción al descubrir que son parte de un mercado consumista, que les manipula por los medios de comunicación y les ofrece placeres que son efímeros, que no satisfacen sus necesidades más

Cerca de 65.000 personas se quitan la vida cada año en la región de las Américas - más de 7 cada hora -, según la Oficina Regional para las Américas de la Organización Mundial de la Salud (OMS). El suicidio es la tercera causa de muerte entre los jóvenes de 10 a 25 años. Los países en la región con las tasas de suicidio más altas (entre 2005 y 2009) fueron: Guyana (26,2 por 100 mil habitantes), Surinam (23,3), Uruguay (14,2), Chile (11,2), Trinidad y Tobago (10,7), Estados Unidos (10,1), Cuba (9,9) y Canadá (9,7).

La búsqueda de cariño y del contacto amoroso con otro ser humano, convierte a los adolescentes y jóvenes en la generación más amenazada por el VIH-sida y otras enfermedades venéreas.

profundas. Las estadísticas nos dicen que muchos de ellos y ellas deciden quitarse la vida.

Formación familiar

Consideremos la condición familiar de las nuevas generaciones.

Las familia es una institución que ha sufrido muchos cambios a través de a historia. Hoy hay una mayor aceptación y propagación del divorcio. Muchos jóvenes y adolescentes crecieron con solo un padre o una madre presentes en su niñez. Otros han sido criados por ambos padres, pero separados o divorciados, otros por sus abuelos o bajo la tutela de un familiar o vivieron un tiempo al cuidado de otra persona. Quizá por esto mismo, los jóvenes se rebelan contra el autoritarismo y se manifiestan públicamente contra las dictaduras, los regímenes absolutistas y las tendencias a los imperialismos, convirtiéndose en las personas idóneas para ser activistas.

Con experiencias de vida como éstas, muchos jóvenes se sienten carentes de amor. Su búsqueda de amor y de contacto físico significativo, lleva a muchos a practicar relaciones sexuales con múltiples parejas. En su búsqueda de experiencias significativas, aprecian la espiritualidad de las religiones orientales y las filosofías exóticas. Tienen una mente abierta frente a la diversidad racial, étnica y religiosa y por los movimientos que promueven la diversidad sexual. Pretenden ser auténticos y sinceros; por eso también son de mente abierta, tolerantes y de muy amplio criterio.

Son optimistas y apasionados en lo que creen y hacen; sin embargo, son volubles, abrazando mañana una idea contraria a la que abrazaban hoy.

Por su necesidad de darse valor a sí mismos, toman las decisiones y racionalizan las situaciones en términos de su bienestar personal, y no del bien común. Aprecian más los valores personales y los derechos de los demás, que los dogmas y la ley establecida.

Les gusta el estilo informal en el trato con otros, aún con los adultos, a quienes respetan, porque tienen alta autoestima. El tutear a las personas no lo asumen como falta de respeto. Muchas de sus relaciones son "ficticias", en el sentido de la realidad virtual. Conciben su vida con los medios de comunicación como parte imprescindible de su cotidianidad.

Creen que la restauración de la tierra es un asunto serio, urgente e importante, y que nosotros somos los responsables de lo que suceda, por eso aprueban los movimientos ecológicos y de conciencia social.

Les gustan los desafíos y las aventuras, porque se aburren con facilidad en un solo sitio. Les gusta la participación y la acción. Necesitan mucho estímulo visual y auditivo para conceptualizar. No creen en los absolutos; fomentan las identidades. Les interesa descubrir el significado y el propósito de sus vidas.

Buscando ministrar

Finalmente veremos unas metáforas para ministrar a esta generación.

Una de las herramientas que podemos usar permanentemente en la ministración a la juventud es la utilización de metáforas. La metáfora es una imagen retórica que utiliza un concepto en sentido figurado para sustituir el sentido simple de las palabras. El propósito es enriquecer la percepción de quien escucha o lee. Utilizar metáforas hace que los jóvenes reproduzcan imágenes mentales y afirmen su aprendizaje (es más fácil grabarse una imagen que un concepto). Algunos ejemplos:

1. Somos árboles. Esta idea señala que la vida evoluciona a través de etapas; con ello les recordamos a los jóvenes que esta etapa que están viviendo no vino de la nada ni será la última, por eso necesitan siempre estar a la expectativa de quien les ha plantado en esta tierra y, de alguna manera, les trajo hasta aquí. A esta edad es necesario que sus raíces profundicen en lo todo aquello que valga la pena, que sus ramas den cabida con sombra y frescura a quienes vengan a ellos, que pronto puedan dar frutos dignos de sus convicciones –en su escuela o trabajo– y que, por supuesto, tengan en mente dejar un legado plausible cuando ya no se encuentren aquí (Salmo 1:1-6).

Cuando algunos ven obstáculos, otros observan una oportunidad invaluable para superarse.

2. Nuestro embarazo. Esta idea señala el asunto sexual, pero no desde la perspectiva hedonista, sino desde lo que Dios desea para nuestra vida: Cada uno de nosotros no vive solo su vida, y por ende no deberíamos hacer uso de nuestro cuerpo de acuerdo con nuestros antojos; sino que en cada uno de nosotros habita la presencia de Dios. Somos como la virgen María: Una pequeña zarza que se quema pero que no se consume. El Dios que es creador del universo está interesado en habitarnos plenamente, pero no nos destruirá, aunque sí destruirá aquello que no le rinde adoración. Nuestro cuerpo es el templo del Espíritu Santo, no un instrumento del pecado y de los placeres. Cada vez que estemos prestos en hacer uso de nuestras facultades físicas, recordemos que llevamos a Alguien dentro de nosotros, y es un embarazo riesgoso, porque ese Alguien que nos habita nos exige vivir en pureza (2 Corintios 6:14-7:1).

Altruismo: es la capacidad de actuar desinteresadamente y de manera compasiva en beneficio de otros que pueden necesitar la ayuda o que se encuentran en condiciones de inferioridad.

3. Siempre sobrios. Esta idea señala el asunto del dinero, el cual como el alcohol, marea a la gente y le produce hacer barbaridades en contra de otros. Como cristianos no necesitamos embriagarnos más de la ambición material, pensando en hacer riquezas en la tierra, sino en ser personas humildes, sencillas, como lo fue nuestro Señor Jesucristo. No quiere decir que Dios repudie a los ricos, sino que rechaza al espíritu ciego de ambición, que busca a toda costa hacer dinero en cada oportunidad, sin tener consideración del sufrimiento ajeno. No hemos sido llamados por Dios a hacer simple altruismo, sino a amar de verdad a las personas; no solamente a ser generosos, sino a desprendernos totalmente en amor a los otros; a imitar la entrega de Jesucristo, a imitar su amor ilimitado que dignifica al que ha sido pisoteado por la sociedad (Mateo 5:19-21).

Jesucristo tiene una perspectiva para vivir de manera diferente todos los placeres que el mundo ofrece.

Lección 3 - Conociendo al rebaño

> *Somos personas en crecimiento, pero ese crecimiento no es aislado de otros, sino en comunidad. Será la comunidad la que nos permita alcanzar nuestro potencial.*

4. Servidores públicos. Esta idea señala el asunto del poder. El poder, desde la óptica cristiana, es un regalo de Dios para servir al prójimo, y, con su uso, quien recibe la gloria es Dios. Jesucristo no está en contra del poder, pero cuando Dios nos provee capacidades, conocimientos, habilidades, etc. es para que lo pongamos al servicio de otros. No somos llamados a beneficiarnos del poder, sino a ser servidores, ahí radica el poder de Dios en nosotros (Mateo 20:25-27).

5. Los cinco furiosos. Esta es una referencia a la película infantil "Kung Fu Panda", y se trata de hablar de la ministración a la comunidad juvenil como se ministra a una familia. En ese filme hay diferencias entre ellos, como en una familia; no hay uniformidad en su formación ni en sus capacidades, pero están unidos en un mismo propósito: destruir la maldad. Los cinco no se parecen entre ellos, cada uno nació conforme a su raza, pero en cuanto llegaron con el maestro Shifu tuvieron que alinearse a las ordenanzas de ese anciano. Así tambien en nuestra comunidad juvenil somos una familia, a pesar de las diferencias (o gracias a ellas). No necesitamos parecernos en todo, ni tener las mismas habilidades; somos una familia, no por pensar igual, ni por tener actitudes uniformes, pero sí porque vivimos para una sola misión, caminamos tras la misma visión y pasamos tiempo aprendiendo juntos a los pies del Maestro (1 Corintios 12:1-30).

¿Qué Aprendimos?

Los jóvenes de hoy son diferentes a las generaciones anteriores, influenciados por los medios de comunicación buscan saciar sus necesidades con dinero, poder y placer sexual. Necesitamos aprender a ministrar a los jóvenes según sus preferencias para aprender y relacionarse.

Actividades

INSTRUCCIONES:

1. Escriba el nombre de tres películas, series, series animadas, telenovelas, etc. Que promueven la idea de que el propósito de la vida es obtener placer por medio del poder y las riquezas.

___

2. Responda ¿Cómo podemos ayudar a nuestros jóvenes a desarrollar un más profundo sentido de familia en su iglesia local?

___

3. Piense en una metáfora para enseñar a los adolescentes y jóvenes sobre los siguientes temas:

a) Cómo disfrutar del placer sexual, sin pecar contra Dios y sin contaminar nuestro cuerpo, que es el templo de su Espíritu.

b) Cómo usar nuestras posesiones como instrumento para servir a Dios y al prójimo.

c) Usando el poder de Dios en nosotros para la restauración de todas las cosas.

___

Notas

Lección 4

ALIMENTANDO EL REBAÑO

Objetivos
- Aprender a fijar metas y objetivos para las reuniones juveniles.
- Tomar en cuenta los estilos de aprendizaje al enseñar la Palabra.
- Practicar los principios para la enseñanza efectiva.

Ideas Principales
- Necesitamos enseñar con metas y objetivos en cada reunión con jóvenes y adolescentes.
- Los líderes que enseñan deben ser creativos.
- Todos aprendemos, aunque no todos de la misma manera y al mismo ritmo.

Introducción

¿Se puede contabilizar cuántas charlas ha preparado un líder en su vida?, o mejor aún, ¿cuántas charlas ha escuchado? Hagamos un breve análisis sobre esto: Un pastor de jóvenes por más de un año, habrá preparado al menos una enseñanza por semana (52 semanas), y si sumamos aquellas que ha preparado para las reuniones de liderazgo, las pláticas informales o de consejería; la cantidad es ¡casi infinita! Pero la gran pregunta es, ¿cuántas de esas charlas han sido realmente inolvidables y relevantes, no solo en aquel momento, sino que la recuerdan a lo largo de la vida? La cantidad se reduce considerablemente si contamos solamente aquellas charlas inolvidables, ¿verdad?

Esta lección persigue el objetivo de capacitarnos para que cada conversación de consejería o grupo de estudio bíblico que tengamos, pueda ser relevante, y que nuestra enseñanza del texto bíblico responda al verdadero objetivo detrás: Impactar corazones y cambiar conductas y hábitos por amor de Cristo. Más allá de aprender versículos de memoria o participar en concursos y campeonatos bíblicos, es sumamente urgente y necesario, que como líderes y pastores persigamos dar a conocer a todos las verdades de la Biblia que dan sentido a la vida y que nos dirigen a obtener la mejor versión de nosotros mismos, a la luz del mensaje de Cristo.

¿Qué es la creatividad?

En esta sección vamos a ver la importancia de la creatividad.

Creatividad: es la capacidad de crear, innovar, producir, llegar a conclusiones nuevas y resolver problemas originalmente.

La creatividad es necesaria en todas las áreas y etapas de la vida. Todos los días nos enfrentamos a situaciones que tenemos que resolver y decisiones que debemos tomar, y la creatividad está presente no solo en los momentos en los que debemos hacer una broma con los amigos o un chiste en el grupo de jóvenes y adolescentes, sino en la cotidianeidad de la vida. No es exclusiva para los artistas, músicos, diseñadores o payasos, sino que está realmente vinculada con todo lo que hacemos, ¡siempre!

Podemos definir la creatividad como la capacidad de crear, innovar, producir, llegar a conclusiones nuevas y resolver problemas originalmente.

Lo cierto es que aunque todos tenemos la capacidad de ser explosivamente creativos, no es una capacidad que estemos acostumbrados a desarrollar o incluso descubrir en nosotros mismos, porque el desarrollarla lleva en sí, algunos riesgos de los cuales muchos de los líderes preferimos mantenernos alejados como temor al fracaso, resistencia al cambio, problemas con la autoridad, por mencionar los más comunes de ellos.

La creatividad se nutre y desarrolla

Vamos a ver ahora unas ideas para desarrollar nuestra creatividad.

La creatividad puede desarrolarse y es responsabilidad de los líderes hacerlo. Veamos algunos hábitos que nos ayudarán a encontrar nuestras áreas creativas y a usarlas al máximo en el ministerio que Dios ha encomendado en nuestras manos:

1. Conocernos más

¿Sabemos con seguridad cuáles son nuestras fortalezas y debilidades? Descubrir esto es mucho más sencillo de lo que parece. Podemos por ejemplo, escribir qué es lo que más disfrutamos hacer y en qué somos realmente buenos y, a la vez, anotar también aquellas cosas que aunque las podemos realizar, no nos producen tanta alegría y satisfacción. En este ejercicio es importante ser honestos, aceptando que Dios nos diseñó así, y que no está mal reconocer que hay tareas (incluso en el ministerio) que no disfrutamos hacer. Este ejercicio nos ayudará a enfocar nuestra energía en nuestras áreas fuertes y es en ellas dónde se revela el máximo nuestra creatividad.

¡Amor por lo que haces es la mejor motivación intrínseca que puedes tener!

2. La creatividad se desarrolla mejor en la necesidad

No necesitamos sentarnos y pensar hasta fundir el cerebro para encontrar ideas creativas o soluciones innovadoras a determinado problema, o para diseñar el próximo gran invento en la historia, lo que necesitamos es descubrir cuál es la necesidad, conocerla, sentirla, vivirla y entenderla. La necesidad es una de las mejores motivaciones que encontraremos para desarrollar y usar nuestra creatividad.

¿Puedes recordar alguna charla o mensaje de la Palabra presentado de manera creativa que escuchaste en el pasado?

3. Amar lo que hacemos

¡Amor por lo que hacemos es la mejor motivación intrínseca que podamos tener! Esto nos inspirará y nos hará soñar y crecer, por eso se convierte en un poderoso detonante de la creatividad, y guarda estrecha relación con el primer consejo. ¡Seremos realmente creativos e innovadores en aquello que amamos hacer! Todos necesitamos encontrar nuestra vocación y propósito de vida. Si trabajamos en ello, sin duda alguna, seremos brillantes en lo que desarrollemos, porque nuestro cerebro y todas las demás áreas de nuestra vida

Lección 4 - Alimentando al rebaño

estarán conectadas trabajando en aquello para lo cual nacimos. Haciendo lo que amamos no necesitaremos grandes esfuerzos para ser creativos, nuestras ideas se ordenarán y generaremos ideas nuevas. La creatividad no solo nos hará sentir realizados como personas, sino que hará que el mensaje que transmitimos sea relevante para aquellos a quienes servimos.

4. Dedicar tiempo y esfuerzo a lo que hacemos

¡Paciencia! Ninguna gran idea ha sido generada por un inexperto, y en muchas ocasiones no ha sido en un primer o segundo intento. Ya mencionamos que es importante disfrutar lo que hacemos, pero tambien necesitamos adquirir experiencias y vivencias para ejercitar la creatividad en el ministerio. Si no tenemos experiencia aún, será bueno rodearnos de personas que sí la tengan y hacerlos nuestros consejeros y mentores. No podemos ignorar el poder de la lectura como detonante de la creatividad. Para disparar la creatividad al máximo es bueno leer libros, revistas y artículos que hablen del ministerio, de la adolescencia y de la juventud.

5. Anotar, tomar nota siempre

Un excelente hábito es tomar nota de todas las ideas, aún de aquellas que no consideramos importantes. Tengamos siempre a la mano una libreta y un lápiz y tomemos nota de todas las ideas, algunas de ellas, aunque suenen locas, en algún momento pueden llegar a ser una buena solución. La creatividad es un proceso cerebral continuo, lo que significa que, aunque ya no estemos pensando en alguna necesidad específica, nuestro cerebro lo sigue procesando, así que ¡siempre tomemos nota!

¡Objetivos!

En esta sección aprenderemos a formular objetivos para nuestras clarlas.

Muchos son los ejemplos de conversaciones inolvidables que encontramos en la Biblia, y lo inolvidable de ellas no depende del tamaño de las mismas; encontramos desde muy extensas (en el libro de Job) hasta aquellas que no duraron más de un minuto (Jabes). Tampoco depende de la preparación académica o edad de los interlocutores, porque encontramos como protagonistas prostitutas, esclavos, doctores, reyes y ¡hasta al Hijo de Dios! Todos estos personajes tienen una característica que los une, todos ellos perseguían una meta clara para iniciar y darle forma a las charlas que sostuvieron, y esto sirve como marco de referencia para nosotros. También nosotros podemos generar conversaciones impactantes y charlas inolvidables cuando tenemos un propósito claro para cada una de ellas!

Diseñar un objetivo no es nada complicado; se trata de pensar qué es lo que exactamente queremos lograr con cada charla. Para asegurar que el propósito ya está claro, hay que ponerlo por escrito. Esto llevará algo de tiempo, pues debemos hacerlo de manera breve y específica, usando solo

Puedes leer la historia de Jabes en el libro de Josué capítulo 21.

las palabras necesarias. El objetivo debe ser escrito con mucha claridad y debe ser posible medir o evaluar el alcance del mismo. Esto significa que un objetivo no puede ser inalcanzable; por eso debe plantearse en términos claros y realistas. Si por ejemplo, vamos a planear una serie de charlas relativas a un tema, lo mejor será plantear uno o mas objetivos generales para toda la serie y además un objetivo medible para cada una de las charlas individuales; estos serán los objetivos específicos.

Es importante enfocar los objetivos en desarrollar las habilidades y competencias de los jóvenes, en lugar de centrar los objetivos en el contenido de la charla. Por ejemplo, si desarrollamos una serie sobre el amor, un objetivo general puede ser planteado en términos amplios, pero siempre realistas, como: "Al final de la serie 'El amor' los adolescentes o jóvenes analizarán la definición bíblica de amor y sus implicaciones en tres áreas de su vida." Un objetivo específico para una charla debe ser más directo y al igual que cualquier objetivo que formulemos es muy importante que sea realista y medible. Para ello nos ayudará responder a la pregunta: ¿Cómo evaluaremos el logro de este objetivo? Un objetivo es relevante cuando se enfoca en producir cambios en la vida de todos los involucrados en el proceso de enseñanza. Estos cambios se podrán apreciar en la manera de pensar, de hablar, de actuar. Por eso, es importante practicar la redacción de objetivos, y luego evaluarlos con personas de experiencia y con el grupo de líderes.

¿Porqué es tan importante para la tarea de un maestro tener objetivos claros?

Cuando ya tenemos los objetivos, es hora de preparar la presentación del mensaje y todos los recursos que utilizaremos para transmitir de forma efectiva la enseñanza. Toda la enseñanza debe ir conectada con el objetivo propuesto. Esto no significa que el objetivo nos ata, sino que, nos ayudará a organizar y a ordenar nuestras ideas para alcanzar el logro de la meta. Así que para alcanzar los cambios deseados por Dios en la vida de nuestros adolescentes y jóvenes, necesitamos tener objetivos claros al llegar a cada reunión.

Es bueno comunicar el objetivo a los jóvenes, para que conozcan lo que esperamos como resultado de cada reunión. Esto será para los que nos escuchan como un mapa y nos ayudará a nosotros a mantenernos concentrados en aquello que queremos lograr.

Nunca tratemos de cambiar el orden en el proceso de preparación, siempre primero definamos el objetivo, con un objetivo claro podremos hacer que el momento de la charla sea inolvidable para los participantes.

Enseñanza centrada en las necesidades de la audiencia

Finalmente veremos las maneras diferentes en que los jóvenes aprenden.

No todos aprendemos de la misma forma, mientras unos son buenos para memorizar otros lo son para resolver cálculos matemáticos, unos son extremadamente hábiles en el uso del lenguaje, mientras otros son hábiles en

Lección 4 - Alimentando al rebaño

los deportes. Unos aprenden mejor escuchando, otros usando la vista, unos prefieren usar sus manos o moverse, mientras otros aprenden mejor cuando pueden intercambiar ideas y participar activamente conversando con otros.

El neurosicólogo Howard Gardner define la inteligencia como: *"La capacidad de resolver problemas o elaborar productos que sean valiosos en una o más culturas"* (1993). Esta definición afirma que la brillantez académica o memorística no lo es todo; existen diversos tipos de inteligencias, y ninguna es mejor que la otra.

A continuación veremos ocho grupos de inteligencias, que marcan las diferencias en cuanto a las prefencias en la manera de aprender de las personas. Esta infomación nos será de mucha utilidad para ubicar a cada una de nuestras ovejas y poder escoger las formas mejores en que comunicaremos el mensaje:

> *El aprendizaje no se consigue por casualidad, se debe buscar con ardor y diligencia (Abigail Adams).*

1. Inteligencia lingüistico – verbal: Disfrutan mucho escuchar, leer, memorizar o hablar. Estos pertenecen a la inteligencia "lingüístico – verbal", y aprenden mejor leyendo, hablando, escuchando o escribiendo.

2. Inteligencia lógico – matemática: Son sumamente lógicos, les gusta resolver problemas, preguntan mucho y disfrutan trabajar con números y experimentar. Su tipo de inteligencia es la "lógico – matemática", y aprenden mejor cuando utilizan pautas y relaciones y trabajan con lo abstracto.

3. Inteligencia espacial: Les encanta dibujar o pintar mientras escuchan. Disfrutan mucho observando pinturas, formas y colores. Esta es la "inteligencia espacial", una que en el pasado ha sido poco valorada e incomprendida. No pueden faltar en los grupos de jóvenes o adolescentes aquellos que hasta hoy conocíamos como 'distraídos', esto porque ellos necesitan visualizar para aprender, y lo que antes se pensaba que era distracción, es exactamente lo que ellos necesitan hacer para fijar en su mente la enseñanza. Este grupo aprende mejor cuando tiene la libertad de hacer lo que tanto les gusta… ¡mientras el líder habla! Ellos saben exactamente cómo desarrollar su propia experiencia de aprendizaje.

4. Inteligencia corporal – kinestésica: Estos aprenden mucho mejor tocando y moviéndose. Probablemente conocemos algunos chicos que no pueden quedarse quietos. Su comportamiento no es resultado de que la paz de Dios no mora en ellos, sino de la inteligencia "corporal – kinestésica" que los caracteriza. Utilizan mucho el lenguaje corporal y necesitan procesar la información a través de sensaciones corporales; el movimiento les ayuda a concentrarse incluso.

5. Inteligencia musical: A este grupo le gusta cantar, tararear, tocar un instrumento o escuchar música. Para ellos y ellas podemos diseñar actividades en las que ellos sigan ritmos, melodías, canten, escuchen y hasta sean autores de sus propias canciones.

6. Inteligencia interpersonal: Estos destacan por ser los más amistosos y relacionales del grupo. Ellos aprenden comentando con otros lo que escuchan, entrevistando, comparando y cooperando con el líder cuando dirige las charlas en las reuniones.

7. Inteligencia intrapersonal: Son aquellos que prefieren trabajar y reflexionar en soledad. Aunque pueden relacionarse y tener muchos amigos, la mejor manera de aprender para ellos siempre será trabajando de forma individual y cuando se respete su propio espacio y tiempo.

8. Inteligencia naturalista: Son los que disfrutan de la naturaleza y se desarrollan mejor en ambientes al aire libre, relacionando sus conocimientos con el funcionamiento de la naturaleza y explorándola.

Cada persona aprende de diferente manera, velocidad, curiosidad e incluso interés que otras. Hay personas que utilizan como vías de aprendizaje más importantes: la audición, otros visualmente, otros ambas, y otros una mezcla de múltiples factores.

El reto para los que enseñamos a los jóvenes, es que aprendamos a valorar cada tipo de inteligencia y enseñarles de acuerdo a sus preferencias. Los jóvenes aprenden mejor cuando en la iglesia encuentran un ambiente seguro, lleno de amor, tolerancia y respeto. Crear este ambiente debe ser una de las metas de un sano ministerio juvenil.

¿QUÉ APRENDIMOS?

Los líderes deben desarrollar la creatividad para ser mas efectivos en su ministerio. Para que las charlas a los jóvenes sean relevantes deben diseñarse a partir de objetivos claros y medibles. Es fundamental conocer las diferencias en los tipos de inteligencia de nuestros jóvenes para planear la metodología de la enseñanza.

Lección 4 - Alimentando al rebaño

Actividades

Tiempo 20'

INSTRUCCIONES:

1. En grupos de 3 a 4 integrantes escojan un tema para una serie de charlas para un mes de reuniones y escriban 1 objetivo general y 1 o 2 objetivos específicos.

_____
_____
_____
_____
_____
_____

2. Piense en una necesidad presente actualmente en el grupo de jóvenes o en el equipo de liderazgo. Escriba luego algunas ideas de soluciones, tantas como vengan a tu mente. Luego compartan con el resto de la clase.

_____
_____
_____

3. En grupos de 2 estudiantes piensen una actividad de aprendizaje creativa para cada uno de los tipos de inteligencia, para enseñar sobre el tema: "Somos una creación única y especial de Dios" (Efesios 2:10).

Tipos de Inteligencia	Actividad de Aprendizaje
1. Inteligencia lingüistico – verbal	
2. Inteligencia lógico – matemática	
3. Inteligencia espacial	
4. Inteligencia corporal – kinestésica	
5. Inteligencia musical	
6. Inteligencia interpersonal	
7. Inteligencia intrapersonal	
8. Inteligencia naturalista	

Lección 5

NUESTRO LEGADO

Objetivos
- Conocer la historia del ministerio juvenil en la Iglesia del Nazareno.
- Valorar el propósito original de la Juventud Nazarena Internacional
- Comprometerse con este ministerio.

Ideas Principales
- Desde 1923 el ministerio JNI se ha extendido por todo el mundo.
- La JNI busca no solamente el crecer en número, sino guiar a los jóvenes en el crecimiento espiritual.
- Nuestro compromiso es llevar a cada jóven a un encuentro personal con Cristo, a descubrir su llamado y a ponerlo en práctica.

Introducción

La juventud se ha hecho presente en la Iglesia del Nazareno a lo largo de nuestra historia, desde los inicios en 1895 en reuniones organizadas por el Reveredo Phineas F. Bresee, en la ciudad de Los Ángeles, California, con una asistencia de unas 100 personas, hasta los días actuales en que se ha fortalecido el ministerio de la Juventud Nazarena Internacional.

El ministerio ha ido cambiando con el paso del tiempo, pero los valores, el amor y deseo por que los jóvenes sean llamados a una vida dinámica en Cristo, ha permanecido desde la fundación de nuestra iglesia. Cada día este ministerio se fortalece gracias a la oración, el trabajo, las ideas creativas, las fuerzas y la pasión de sus líderes. Hoy gracias a todos los que sembraron, podemos cosechar el fruto de este ministerio, fruto que va mucho más allá de lo que aquellos fundadores pudieron imaginar.

Dos grupos, una misión

En esta sección vamos a estudiar como todo comenzó con dos grupos.

El ministerio a los jóvenes inició con dos grupos diferentes, hombres y mujeres, en la Primera Iglesia del Nazareno localizada en Los Ángeles, California. Para el año de 1903 ambos grupos se desarrollaban simultáneamente.

Las mujeres llevaban el nombre de "Compañía E" (posiblemente por la E de evangelismo). El primer grupo era dirigido por la señora Lucy P. Knott y tenían sus reuniones los días viernes por la tarde, en las cuales intercedían en oración por otras personas, estudiaban la Biblia, compartían su testimonio unas con otras y evangelizaban.

En un saludo presentado por la señora Knott, dirigido a la 8ª Asamblea General el 19 de noviembre de 1903, expresó lo siguiente: *"El propósito de la existencia de la Compañía E, es levantar un grupo de señoritas que serán verdaderos 'ejemplos de creyentes'. Por eso oramos con gemidos que no pueden expresarse con palabras. Creemos que el servicio es el resultado natural del*

Phineas F. Bresee se convirtió a los 16 años, en febrero de 1854, al año siguiente recibió el llamado al ministerio. Este joven trabajó duro para vencer obstáculos. Era sensible a las necesidades de otros, visitaba y ayudaba a los pobres y enfermos. Era un joven de gran visión y apasionado por el evangelismo y la enseñanza de la santidad bíblica. Cada iglesia que pastoreó fue un centro de avivamiento.

amor perfecto, y hemos encontrado que así como somos fieles al Espíritu Santo, Dios nos ha permitido dar fruto que permanece. Nos regocijamos como una Compañía que sigue adelante en conocer al Señor" (Pierce, Noviembre 19, 1903: 2). Con estas palabras la señora Lucy expresaba el sentir y compromiso de la Compañía, no solo con la sociedad juvenil, sino primeramente con Dios.

El grupo de los jóvenes varones, llevaba el nombre de "La hermandad de San Esteban" (*The brotherhood of St. Stephen*), y eran dirigidos por el señor R. E. Shaw. Las actividades que ellos realizaban incluían reuniones para estudios bíblicos regulares, alabanza, servicios de oración en la iglesia, y tambien servían a la gente en las calles.

El Manual de la Iglesia del Nazareno de 1903 incluye una declaración que describía el significado de la Hermandad de San Esteban y dice así: *"Para tener la misma unción e investidura, con la misma intensidad, fidelidad, transformación espiritual y poder para servir al Señor, es nuestro deseo ferviente y para realizar de manera perfecta aquello por lo que nos mantenemos juntos como 'La Hermandad de San Esteban', que unidos en oración y constante cooperación podamos por lo tanto glorificar a nuestro Señor y Salvador Jesucristo; que podamos ser llenados de su presencia, testificar de Su gracia, congregarnos juntos, orando a Dios para que nos haga como su siervo Esteban, por lo tanto, como nuestro bendito Señor Jesús, nos suscribimos a nosotros mismos como sus siervos"* (Pierce, Noviembre 19, 1903: 2).

Aunque en los inicios de la Juventud Nazarena Internacional hombres y mujeres se reunían por separado, estaban unidos por el Espíritu Santo.

Sociedad de Jóvenes Nazarenos

Veamos ahora como se unieron en un solo grupo, bajo un mismo propósito.

Buscando dar formalidad al ministerio que estaba desarrollándose con jóvenes, ambos grupos, tanto la Compañía E como La Hermandad de San Esteban se dieron a la tarea de buscar un pasaje de la Biblia que les representara. Coincidieron en su elección al tomar como motivación el texto de la primera carta de Pablo a Timoteo 4:12: *"Ninguno tenga en poco tu juventud, sino sé ejemplo de los creyentes en palabra, conducta, amor, espíritu, fe y pureza"* (RVR 1960). Ambos grupos portaban una cruz de malta plateada, donde llevaban grabadas estas palabras, las cuales se han convertido en el versículo oficial para el ministerio entre los jóvenes.

En el año 1923 se celebró la primera Convención General de la JNI.

En los años posteriores, el ministerio juvenil comenzó a cobrar fuerza y se animaba a los pastores para organizar este ministerio en sus iglesias locales, lo cual comenzó a rendir frutos que ayudaban al crecimiento de las congregaciones. El ministerio a la juventud se unificó bajo el nombre de "Sociedad de Jóvenes Nazarenos", obteniendo en 1923 el permiso para organizarse formalmente y ser anfitriones de la Convención General el 18 de septiembre del mismo año, en Kansas City, Missouri, en los Estados Unidos de Norteamérica.

Lección 5 - Nuestra historia

Juventud Nazarena Internacional

Ahora veremos cómo evolucionó este ministerio hasta hoy.

Con el propósito de enfatizar la idea de ser un ministerio internacional, en la Convención General de 1976, se propusieron varios nombres para cambiar el de Sociedad de Jóvenes Nazarenos y darle un énfasis más global. Entre los nombres propuestos estaban: "Ministerio de la Juventud Nazarena", "Ministerios Internacionales de la Juventud Nazarena", "Compañerismo Nazareno Juvenil" y, por supuesto, "Juventud Nazarena Internacional", siendo este último el elegido que se ha empleado oficialmente desde entonces, tambien identificado por sus siglas JNI.

Aunque se realizó este cambio en el nombre, la misión original se conservó, por lo cual el texto de 1 Timoteo 4:12 continuó siendo el verso lema y se conservó el propósito de guiar a los jóvenes a vivir y servir en santidad delante de Dios.

Para 1976 se reportó a la Asamblea General la cantidad de 241.173 miembros del ministerio de jóvenes, y fue allí mismo donde se extendió la edad para pertenecer al mismo, desde los 12 hasta los 40 años. El ministerio había crecido grandemente, impulsado por el deseo ferviente de ser cada día más como Cristo.

El primer presidente de la Juventud Nazarena Internacional electo fue Donnell J. Smith, quien sirvió en esta función entre los años 1923 a 1932. Otros presidentes fueron: G. B. Williamson (1932-1940); Eugene Stowe (1956-1960); Talmadge Johnson (1972-1977); quienes mas adelante también sirvieron como Superintendentes Generales de la Iglesia del Nazareno. Es de gran gozo ver como este ministerio no fue considerado como un grupo más de personas queriendo hacer algo diferente, sino que la dirección del Espíritu Santo les llevaba a comprometer sus vidas en servicio a Dios.

Presidenes de JNI que fueron electos Superintendentes Generales de la Iglesia del Nazareno:
G. B. Williamson (1946-1968).
Eugene Stowe (1968-1993).
Talmadge Johnson (2001-2005).

Propósitos

Ahora veremos cómo se crearon estrategias en los años recientes.

En la Segunda Convención en 1928, en Columbus, Ohio, se usó por primera vez un lema cuatrienal, buscando mantener el propósito y la unidad del ministerio en los diferentes países del mundo donde hubiera un ministerio con jóvenes. El primer lema adoptado por la entonces Sociedad de Jóvenes Nazarenos fue "Profundizando nuestra devoción a Dios". Además de un lema, se escogía como base un texto bíblico, se componían cantos especiales que enfatizaran el propósito y se confeccionaban logotipos para ilustrar el lema escogido.

En 1976, año en que se cambió el nombre a Juventud Nazarena Internacional, se presentó el lema cuatrienal "Jesús es el Señor", poniendo en alto el nombre de nuestro Dios no solo como un lema, sino en la vida de cada uno de los miembros de la ahora JNI.

A la fecha se continúan usando estas estrategias todavía, y es posible recordar de años anteriores algunos de los lemas que han sido parte de nuestra historia, así como canciones, énfasis y demás materiales. Sin duda estas estrategias ayudaron a que muchos jóvenes en su tiempo, afianzaran su fe y crecieran en el servicio al Señor, llegando muchos de ellos a servir hoy como líderes de la Iglesia en diferentes niveles.

Para el cuatrienio 2018-2021 el lema de la JNI global es BE DO GO, en español SE HAZLO VE. Visualizamos a los jóvenes llenos del Espíritu Santo, jóvenes que experimenten la entera santificación, que evidencien la presencia del Espíritu por medio de su fruto, por ello la JNI en Mesoamérica se ha enfocado para este cuatrienio en los siguientes lemas:

1. La JNI existe para los jóvenes.
2. La JNI se enfoca en Cristo.
3. La JNI se basa en un ministerio de relaciones entre la juventud en la iglesia local.
4. La JNI desarrolla y guía a líderes jóvenes.
5. La JNI está capacitada para guiar.
6. La JNI acepta la unidad y la diversidad en Cristo.
7. La JNI crea relaciones y asociaciones.

"*Contagia-Vive-Inspira- Brilla*" basado en Gálatas 5:22-26.

2018: *Contagia:* amor, gozo, paz.

2019: *Vive:* paciencia, benignidad, bondad.

2020: *Inspira:* fe, mansedumbre, templanza.

2021: *Brilla:* Brilla en el espíritu, vida radiante, vida excepcional.

JNI, presente y futuro

En esta sección veremos como hacer un compromiso con este ministerio.

Nuestra misión como Juventud Nazarena Internacional es llamar a nuestra generación a una vida dinámica en Cristo.

En el 2021 en la JNI celebraremos 100 años de alcanzar, cuidar y ministrar a la juventud alrededor del mundo. El Concilio Global con sus líderes impulsan un movimiento global de jóvenes para que crezcan juntos, proveyendo recursos y estrategias en los tres ejes de desarrollo en el ministerio juvenil con el objetivo de involucrar a los jóvenes en evangelismo, discipulado y desarrollo del liderazgo.

El lema para la JNI Global desde el año 2013 es "Sé, hazlo, ve" (Be Do Go), el cual busca involucrar a los jóvenes en evangelismo, en discipulado y en desarrollo del liderazgo.

La JNI en la Región Mesoamérica tiene una membrecía para el 2017 de 86,103 jóvenes y adolescentes; con un total de 3,850 JNI organizadas.

La región de Mesoamérica tiene una visión integral en la formación de la nueva generación a través de la Academia del Ministerio Juvenil y la Escuela de Liderazgo especialidad Ministerio Juvenil que inicia en el 2018.

Lección 5 - Nuestra historia

En el año 2010 inició la Academia del Ministerio Juvenil en la Región Mesoamérica que ofrece un diplomado especializado para Líderes Juveniles. Hasta el año 2017 han graduado 323 estudiantes y para 2018 mantiene 101 estudiantes activos.

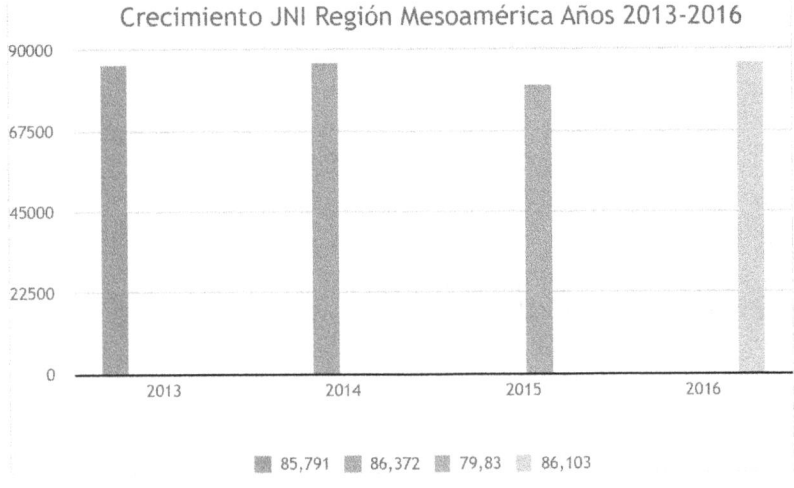

En el año 2010 se lanzó la Página Web: www.jniregionmesoamerica.org, una revista en línea (bimensual) y en el año 2018 la App JNIMAR. Estos recursos digitales tienen el propósito de acercar más a la juventud nazarena en Mesoamérica.

La JNI ¿Qué es?
Es el ministerio de la Iglesia del Nazareno que existe para alcanzar y guiar a los jóvenes hacia una relación con Dios que perdure toda la vida.

Nuestra misión
La misión de la Juventud Nazarena Internacional es llamar a nuestra generación a una vida dinámica en Cristo.

Nuestra visión
La iglesia del Nazareno cree que los jóvenes forman una parte integral de la iglesia. La Juventud Nazarena Internacional existe para guiar a los jóvenes hacía una relación con Cristo que perdure toda la vida y para facilitar su crecimiento como discípulos en el servicio cristiano.

Al día de hoy, muchos de los involucrados en el ministerio de JNI han encontrado gracias a estos esfuerzos dirigidos por Dios, la vocación y el llamado para el cual fueron creados, teniendo ejemplos de pastores, misioneros, músicos, maestros, evangelistas, etc., y contamos con una gran cantidad de jóvenes interesados en seguir preparándose y trabajando para Dios.

¿QUÉ APRENDIMOS?

El ministerio con los jóvenes nació junto a la Iglesia, cuando la misma fue fundada en 1895. En la actualidad el ministerio de la JNI se ha extendido junto a la Iglesia a nivel global manteniendo vivo su propósito de ayudar a cada joven a vivir y servir a Dios en santidad de vida.

Actividades

INSTRUCCIONES:

1. ¿Funcionaría hoy dividir a los jóvenes en dos grupos (mujeres y hombres)? ¿Para que tipo de propósito o actividades podría ser útil?

_____
_____
_____

2. ¿Cuál es la enseñanza del texto representativo que toma la Sociedad de Jóvenes Nazarenos? Piense en un ejemplo de cómo podemos poner hoy en práctica esa enseñanza.

_____
_____
_____

3. En parejas escojan tres pasajes bíblicos para enseñar y para motivar a los jóvenes a involucrarse en los tres pilares de la JNI: Evangelismo, Discipulado y Desarrollo de liderazgo.

_____
_____
_____
_____
_____
_____

4. Reúnanse en dos grupos, uno de mujeres y otro de varones, y tomen unos minutos para orar por el ministerio con los jóvenes. Agradezcan a Dios por el ministerio de la JNI a travéz de los años. Pidan por su propio crecimiento espiritual, pero mayormente intercedan por todos los que han de ser alcanzados por el ministerio de JNI, y pónganse en las manos del Señor para que les guíe en esta tarea.

Notas

Lección 6

EL ACOMPAÑAMIENTO

Objetivos

- Comprometerse con el acompañamiento a los jóvenes.
- Adoptar los principios prácticos de la escucha y comprensión empática.
- Saber aplicar la contención emocional durante el acompañamiento.

Ideas Principales

- Los jóvenes y adolescentes atraviesan diversas crisis como parte normal de su desarrollo físico, espiritual y emocional.
- El ministerio juvenil necesita líderes confiables, equilibrados y dispuestos a invertir tiempo para asesorar y acompañar a los jóvenes en estos procesos.

Introducción

El ministerio juvenil es un trabajo que requiere constancia y compromiso por parte de los líderes, los desafíos son muchos porque las necesidades de los adolescentes y jóvenes son muy diversas. Como líderes de jóvenes debemos tener un corazón compasivo y una preocupación genuina por nuestros jóvenes para desarrollar una pastoral integral en nuestra iglesia local.

Para dar atención adecuada a todas estas necesidades de los jóvenes, necesitamos que nuestros líderes reenfoquen sus prioridades. Es nuestra responsabilidad, acompañar a nuestros jóvenes, involucrándonos de una manera más real con ellos, para así ayudarles en su formación integral y crecimiento armónico (emocional y espiritual). Podemos utilizar herramientas que nos faciliten acercarnos a ellos y poder pastorear a nuestros adolescentes y jóvenes de una mejor manera. Para esto hay que acompañarlos, aprender a escuchar y comprenderlos de manera más empática.

Lo que se busca es el desarrollo de nuestros jóvenes con una personalidad sana y una madurez espiritual (una mejor compresión de la fe), por lo que nuestra preocupación será atender las áreas de su vida que están viviendo o están por vivir, afirmándoles y potenciándoles para el futuro.

El acompañamiento

Comenzaremos profundizando la idea de "acompañamiento".

*En el ministerio juvenil **acompañar** es sugerir, insinuar, apoyar, estimular, animar, exhortar y orientar... para guiar a los adolescentes y jóvenes mientras recorren el camino del discipulado.*

La idea del acompañamiento en la pastoral juvenil nos remite a dos o más personas que mantienen una buena relación, que gustan de estar cerca y donde el acompañamiento se dará de manera personal y en comunidad.

Este acompañamiento se caracteriza por:

- Su cercanía en lo físico, intelectual, afectivo y profesional.
- Su permanencia en el tiempo.
- La confianza y el respeto recíproco.
- La búsqueda de perfeccionamiento en el proceso formativo del joven.

En las Escrituras nuestro Señor Jesucristo nos muestra el ejemplo de cómo se debe realizar el acompañamiento efectivo. Jesús convivió con sus discípulos, los ministraba en sus necesidades a cada uno en particular y en conjunto, los capacitó, nos les exigió más de lo sabía que ellos podían dar, los contuvo cuando ellos se desbordaban en sus temores, exigencias o euforia, y los convenció para que desempeñaran las tareas que él quería que realizaran cuando ya no estuviera con ellos.

Otro ejemplo que encontramos en la Biblia es la relación del apóstol Pablo con Timoteo, a quien formó para iniciarlo en el ministerio. Pablo lo guió, le enseñó, le aconsejó, se preocupó por él en todos los aspectos y le impulsó a seguir adelante.

Como acompañantes debemos comprender que nuestra misión es ayudar a otra persona a crecer, y ayudar a crecer, es incentivar y guiar a ese adolescente o joven en ese proceso de madurez, que lo irá llevando gradualmente a un cambio en el modo de pensar, de sentir y de obrar.

Algunos principios

Continuaremos estudiando como ocurre el crecimiento en un/a joven.

Hay principios que regulan todo proceso de crecimiento en los adolescentes y jóvenes, tanto a nivel psicopedagógico como espiritual. Estos principios son seis:

1. El cambio requerido por un proceso de crecimiento es primeramente obra del individuo, se inicia siempre en él, y esto es el resultado de la decisión personal de conversión.

2. Es necesario ayudar a los adolescentes y jóvenes a tomar clara conciencia de los recursos que existen dentro de ellos. El líder espiritual le guiará con delicadeza a profundizar en su yo más profundo, a fin de que vaya descubriendo sus valores y deficiencias.

3. El crecimiento armónico de la persona exige que se estimule al mismo tiempo el desarrollo de todas las funciones psicológicas y espirituales. Debe ser el adolescente y joven quien desee ser transformado integralmente a la imagen de Jesucristo. El acompañamiento no tiene como fin que el joven llegue a ser como el líder (aunque algo se transmita), sino caminar hacia Jesús.

4. Mediante el acompañamiento se lleva al joven a entregar todo su ser, para ponerlo bajo el señorío de Jesucristo. Se alienta al joven a crecer en la amistad con Dios sin miedo.

5. El acompañamiento personal llevará al joven a descubrir su identidad y valor como persona única y especial creada por Dios; a descubrir sus posibilidades y limitaciones, a definir sus valores e ideales, a

La calidad de vida espiritual del líder o acompañante es fundamental para poder servir de guía a los adolescentes y jóvenes llevándoles hacia la plenitud de vida en Jesucristo.

aceptarse a sí mismo. Los problemas de timidez, inseguridad y falta de aceptación son los que más siguen mortificando a muchos adolescentes y jóvenes. Algunos jóvenes tienen una percepción negativa de sí mismos que paraliza sus energías en gran medida, así como sus ilusiones y potencialidades. Este problema se agrava por las muchas ofertas que rodean al joven, y en su mayoría son ambiguas y ambivalentes además de complejas. Dar unidad a la persona alrededor del valor fundamental de la fe en Jesucristo, para que todo armonice y el joven sea feliz aceptándose a sí mismo, será la meta última y constante en el acompañamiento personal.

¿Cuáles son las crisis más duras por las que pasaste en tu adolescencia? ¿Son las mismas por las que pasan los jóvenes hoy?

6. El acompañamiento en comunidad busca que el joven descubra su dimensión social mediante el servicio a los demás y su propio sentido de pertenencia a un grupo. Mediante el servicio el joven irá transformando sus intereses individuales en grupales y asumirá una participación responsable en el ministerio de la iglesia. El diálogo y el apoyo mutuo con el grupo fortalecerá el crecimiento de los jóvenes y favorecerá la realización de su proyecto de vida.

El acompañante

En esta sección trataremos sobre las responsabilidades del acompañante.

La persona que presta acompañamiento a un adolescente o joven debe tener una madurez psicológica y afectiva. Debe saber amar con un amor maduro, capaz de participar afectivamente en los estados de ánimo de otra persona.

La madurez espiritual es el resultado de una experiencia de compañerismo dinámico con Dios. Quien es maduro posee la libertad interior para encausar su propia vida. Su seguridad contagia a los jóvenes y adolescentes a encontrar su propio camino. Para que un joven esté dispuesto a iniciar un proceso formativo, debe encontrar en su acompañante un testimonio congruente y un estilo de vida que le atraiga y genere confianza. Nadie puede ayudar a otro a crecer si no ha transitado primero por la experiencia de crecimiento. Nadie puede conducir a otro por el camino de la experiencia de fe, si no posee esa experiencia.

Nadie puede ayudar a otro a crecer si no ha transitado primero por la experiencia de crecimiento. Nadie puede conducir a otro por el camino de la experiencia de fe, si no posee esa experiencia.

Por lo general un joven no vendrá para pedir ser acompañado, por eso será necesario salir a su encuentro y llamar su atención. El gran medio que tenemos para ello es la relación personal. Como iglesia nuestra prioridad es "ir y hacer discípulos", el evangelio se transmite de persona a persona, compartiendo nuestra experiencia de vida y de fe. La vida cristiana se comunica, se contagia.

Como acompañantes no debemos saberlo todo, existen áreas donde no podremos ayudar, y debemos reconocerlo, pero podemos canalizar o pedir ayuda a otros líderes o profesionales que enriquezcan nuestro trabajo.

El acompañante debe saber que él está en función del acompañado, no al revés. Por ejemplo en la relación entre Bernabé y Saulo, vemos que en un principio Saulo fue tomado por Bernabé iniciándolo en el ministerio, pero con el tiempo se separaron, una vez que Pablo definió su propio ministerio.

Un líder acompañante también debe tener a alguien que lo oriente y ayude. Es importante que el acompañante entienda que la carga que lleva, debe ser compartida en algún momento para poder servir mejor.

La escucha empática

En esta sección vamos a aprender a identificarnos con otras personas.

La palabra empatía de acuerdo con el diccionario de la RAE se define como *"la capacidad de identificarse con alguien y compartir sus sentimientos"*. Consideremos en la Biblia algunos pasajes que aluden a ella:

- En 1 Pedro 3:8 dice: *"Sed todos de un mismo sentir, compasivos, amándoos fraternalmente, misericordiosos, amigables."*

- En Mateo 22:39 Jesucristo nos exhorta: *"Amarás a tu prójimo como a ti mismo"*.

- En la parábola del buen samaritano también podemos ver un ejemplo de la empatía que debemos tener con el necesitado (Lucas 10:25-37).

Nuestro acompañamiento será más efectivo si como líderes aprendemos a escuchar empáticamente. Esta es una herramienta muy importante, no consiste solo en escuchar y entender el significado de las palabras pronunciadas por una persona; la escucha empática busca comprender, no responder. La diferencia entre comprender y responder marca una gran diferencia. La escucha empática tiene el propósito de comprender el marco de referencia de quien estamos escuchando, es decir, no busca comparar con algún episodio de nuestra vida, sino que se esfuerza por entender la visión del adolescente o joven.

Para conseguirlo, el que escucha crea un clima de aceptación incondicional, en el que cualquier cosa que surja pueda ser libremente expresada. Escucha atentamente a la otra persona, con auténtico interés y genuina curiosidad, esforzándose por esclarecer y reflejar la vivencia y los sentimientos del que habla. Nuestros adolescentes y jóvenes no son adultos, están en el proceso de transición a la madurez y pasan por diversas crisis, ya sea las propias de su desarrollo o por crisis no esperadas, como el divorcio de sus padres, confusiones de identidad sexual, enfermedades, accidentes, soledad, etc.

La empatía es la capacidad de percibir, compartir y comprender (en un contexto común) lo que otro ser puede sentir. También se describe como un sentimiento de participación afectiva de una persona en lo que afecta a otra (Wikipedia).

En fin, todos ustedes deben vivir en armonía y amarse unos a otros. Pónganse de acuerdo en todo, para que permanezcan unidos. Sean buenos y humildes (1 Pedro 3:8 TLA).

Consejos para escuchar más efectivamente

Finalizaremos estudiando aspectos importantes para la práctica.

Todo líder juvenil que se inicia en la práctica del acompañamiento debe tener en cuenta algunos aspectos muy importantes:

1. Cuidar el lenguaje corporal

El lenguaje corporal revela si el que escucha está o no interesado en una historia. Mantener contacto visual, una simple sonrisa y un asentimiento ocasional, demostrarán interés e involucramiento con lo que la otra persona dice. El acompañante debe mostrar tranquilidad al adolescente o joven, si se muestra nervioso ellos tomarán distancia.

2. Mantenerse involucrado

Hay que evitar las distracciones, escogiendo un lugar tranquilo. Pero si hay personas alrededor, hay que concentrarse en el adolescente o joven y bríndale toda nuestra atención. Se debe tener cuidado con los dispositivos electrónicos (teléfono móvil, tableta o computadora); ya que, cuando el acompañante se distrae con la tecnología, hace sentir al otro que es poco importante.

3. Resistir la necesidad de interrumpir

Para el que escucha puede ser tentador terminar la oración de la otra persona para demostrar que entiende el mensaje, pero es mejor evitarlo ya que puede parecer grosero. Escuchar construye confianza. Si interrumpimos a alguien, aunque nuestras intenciones sean buenas, le negamos la oportunidad de expresar sus sentimientos y emociones. Para asegurarnos de no interrumpir, siempre tomemos unos cuantos segundos antes de responder.

4. Hacer preguntas

La palabra más poderosa en una conversación es: "Cuéntame". Las personas se sienten bien cuando les hacemos preguntas pertinentes y escuchamos activamente sus respuestas. Si tomamos un interés activo en la vida de los demás, se nos regresará el favor. Utilicemos preguntas abiertas para que los adolescentes y jóvenes se expandan en sus respuestas y la conversación sea fluida. Si no nos quedó claro lo que nos están contando, pidamos algún ejemplo o que sean más específicos. Con algunos adolescentes y jóvenes es difícil que ellos se abran en la primera plática, no hay que desesperar, necesitamos dales tiempo. Por ejemplo, en la primer conversación puede ser que hablemos solo de cosas superficiales, y eso está bien para iniciar; tal vez en una segunda plática el o la joven hable más. Nunca debemos presionar a nuestros adolescentes y jóvenes.

Escuchar empáticamente nos moverá muchas veces a vencer nuestros prejuicios y tradiciones arraigadas para llegar al corazón de nuestros adolescentes y jóvenes.

5. Practicar la escucha empática

Tenemos que aprender a escuchar no solo con nuestros oídos, sino también con nuestros ojos y corazón. No tenemos que estar de acuerdo con la persona, pero sí imaginar cómo se siente, ponernos en sus zapatos para comprender lo más que podamos su punto de vista. No juzgar es un principio importante y es bueno, al iniciar la plática, decirle al joven que nuestro propósito no es juzgarle. Necesitamos crear un ambiente agradable para bajar la tensión inicial en la plática. Desafortunadamente la mayoría de las personas no escuchan para comprender, sino simplemente para responder. No nos enfoquemos en lo que diremos después; esto nos distraerá de la conversación. Más bien, enfoquémonos en la historia de la persona. Mientras escuchamos preguntémonos: ¿Cómo me sentiría si esto me pasara a mí?, y una vez que hayamos absorbido lo que la persona ha dicho, busquemos nuestra respuesta. Mientras escuchamos es importante observar, ver cuál es el lenguaje corporal del que habla, cómo está vestido, los gestos, la mirada. Todo lo que podamos observar es importante para conocer y entender mejor al joven.

Tú, Dios mío, reinas para siempre y escuchas la oración de los humildes. Tú defiendes a los huérfanos y a los que son maltratados; tú los animas y les prestas atención
(Salmo 10:16).

6. Usar la imaginación

Ya mencionamos que al escuchar nos vamos identificando con el joven haciéndonos preguntas como: ¿Si yo me encontrara en esa situación, cómo me sentiría? ¿Cuál sería mi reacción? ¿Qué necesitaría? En la Biblia vemos en la vida de Job que sus tres amigos fueron incapaces de ponerse en su lugar y, por ello, lo condenaron por los pecados que suponían debió haber cometido.

7. Cuidar el tiempo

En ocasiones puede pasar que un adolescente o joven quiera hablar mucho y la plática se extienda demasiado y dar vueltas sin llegar al punto del problema. Por eso es bueno establecer al inicio de la conversación un tiempo límite, una hora como máximo es un buen parámetro para una conversación.

¿Qué Aprendimos?

En el ministerio juvenil proveer acompañamiento al adolescente y joven en sus crisis es de suma importancia para ayudarles a recorrer el camino del discipulado hacia la madurez espiritual. Para esta tarea el testimonio de vida del líder es muy importante y también la práctica de la escucha empática para proveer un valioso acompañamiento pastoral.

Lección 6 - El acompañamiento

Actividades

Tiempo 20'

INSTRUCCIONES:

1. Uno de los problemas de los líderes para iniciarse en este ministerio de acompañamiento, es que ellos o ellas no han tenido guías espirituales que les acompañaran en su adolescencia y juventud. Si esta ha sido su experiencia responda:

a. ¿Cómo se sintió al no tener un líder de confianza con quien compartir sus problemas?
_____
_____
_____

b. ¿Piensa que en su iglesia hay jóvenes actualmente que se sienten igual? ¿Cómo podría ayudarles?
_____
_____
_____

c. ¿Cree que su experiencia en la vida cristiana habría sido diferente si hubiera contado con un compañero espiritual? ¿Cómo?
_____
_____
_____

2. En parejas practiquen la escucha empática. Cada uno por turno narre una historia de crisis actual o en el pasado (en su adolescencia y juventud). El que toma el turno de escuchar siga los consejos de la escucha empática y efectiva estudiados en la lección. Al finalizar cada uno exprese como se sintió y en qué aspectos necesita perfeccionarse para "escuchar" mejor.
_____
_____

3. Cómo clase evalúen: ¿qué tan efectivos están siendo los líderes juveniles de su iglesia local en este ministerio de acompañamiento a los jóvenes y adolescentes? ¿Qué errores o descuidos han cometido en el pasado? ¿Qué pasos pueden comenzar a dar para perfeccionar este aspecto tan importante de la pastoral a los jóvenes en el futuro inmediato?
_____
_____
_____

Lección 7

LA VARA Y EL CAYADO

Objetivos

- Definir la utilidad de la vara y el cayado.
- Describir el trabajo del consejero y su importancia.
- Desarrollar aptitudes para la consejería saludable.

Ideas Principales

- El pastor de jóvenes necesita ser un consejero sabio y conocedor de la Biblia.
- El ministerio juvenil requiere de líderes que se capaciten constantemente para ministrar a la nueva generación y que conozcan a sus ovejas.
- Los líderes juveniles deben ir en busca de las ovejas perdidas con su vara y su cayado.

Metáfora: *es una figura retórica que traslada el significado de lo que se quiere enseñar a una semejanza o analogía. La Biblia por ejemplo usa la metáfora del trabajo del pastor de ovejas, al ministerio del líder espiritual.*

Introducción

Los pastores usan una vara para cuidar a sus ovejas contra el ataque de los enemigos, y un cayado para dirigirlas; es decir, cuando una oveja se dirige a un barranco o precipicio el pastor la hala del cuello y la libra de la caída y de la muerte, y cuando esta no sigue las instrucciones, la usa para disciplinarla y así enseñarle a obedecer.

La vara es un palo largo y delgado que sirve para defender a la oveja del ataque de animales. El cayado es un bastón grueso, generalmente de madera, y con el extremo superior curvo que se usa principalmente para conducir el ganado.

Esta metáfora es maravillosa, para enseñar sobre el Dios de amor que es "nuestro" pastor quien, cuando nos ve en un camino equivocado, nos atrae hacia Él, nos perdona y restaura, nos llena de esperanza, amor y consuelo.

La naturaleza de las ovejas es ser torpes, miopes, indefensas y, muchas veces, desobedientes, no quieren dejarse guiar por su pastor y se alejan del rebaño poniendo su vida en peligro y también la vida de las demás. El pastor tiene que cuidarlas, defenderlas del ataque del enemigo pero también de su terquedad y de su propia naturaleza.

Hoy en día vivimos en tiempos difíciles para la nueva generación. Las ovejas que cuidamos los pastores de jóvenes, se nos escapan y se van por otro camino, algunas exponen su vida al peligro de las drogas, otras sufren ante las crisis propias de su edad, y algunas mas son lastimadas por su entorno familiar y por otras relaciones que van haciendo en su camino.

En esta lección vamos a aprender sobre los peligros que enfrentan nuestras ovejas, pero también estudiaremos sobre las aptitudes o competencias que necesitamos aprender para poder ministrarles y aconsejarles como líderes y pastores.

Pastores al cuidado

En esta sección trataremos las crisis y problemas que enfrentan las nuevas generaciones.

Como consejeros, los líderes y pastores de jóvenes deben estar preparados emocionalmente para poder ayudar a sus jóvenes, pues las crisis por las que pasan los jóvenes son difíciles y desgastantes. Estas pueden llevarnos al límite de nuestra capacidad y hacer que pasemos por experiencias emocionales como la impaciencia al ver que el joven no cambia, o de compasión al verlo hundido en la enfermedad, o a enfrentar el temor por estar ayudando a alguien con un problema de drogas o enojo y resentimiento, porque sigue actuando como un ingenuo sabiendo que su comportamiento afecta a otros, o también pueden llevarnos a sentir amor porque nos involucramos demasiado y lloramos junto a él.

Los líderes deben aprender a lidiar con estos problemas y situaciones y saber cómo impedir que estos sentimientos se apoderen de su vida y le provoquen una crisis al consejero.

Cuiden ustedes de las personas que Dios dejó a su cargo, pues ellas pertenecen a Dios. Cuídenlas, como cuida el pastor a sus ovejas. Háganlo por el gusto de servir, que es lo que a Dios le agrada, y no por obligación ni para ganar dinero (1 Pedro 5:2, TLA).

¿QUÉ PRODUCE MOMENTOS DE CRISIS EN LOS ADOLESCENTES Y JÓVENES?			
Crisis personales	Problemas relacionales	Problemas sexuales	Otros trastornos
1. Soledad	1. Presión de grupo	1. Masturbación	1. Anorexia
2. Sentimiento de culpa	2. Burla	2. Pornografía	2. Bulimia
3. Autoestima baja	3. Padres divorciados	3. Fornicación	3. Obesidad
4. Complejos	4. Padrastros	4. Embarazo	
5. Depresión	5. Rebeldía	5. Aborto	
6. Ansiedad		6. Confusión de identidad sexual	
		7. Sida y otras enfermedades venéreas	
		8. Abuso sexual	

Estos problemas y crisis nos recuerdan aquel pasaje de la cien ovejas que narra Jesucristo, pues el pastor deja en las montañas a todas y se va en busca de la que le faltaba, de la perdida (Mateo 18:12-14). El pastor se fue por las montañas y la encontró, como dice el antiguo canto, gimiendo, temblando de frío; el pastor la tomó en sus brazos, limpió sus heridas y al redil volvió. ¡Impresionante! El buen pastor es el que va en busca de las ovejas perdidas,

¿Qué opinan? Si uno de ustedes tiene cien ovejas y se da cuenta de que ha perdido una, ¿acaso no deja las otras noventa y nueve en la montaña y se va a buscar la oveja perdida? Y si la encuentra, de seguro se alegrará más por esa oveja que por las otras noventa y nueve que no se habían perdido. De la misma manera, el Dios y Padre de ustedes no quiere que ninguno de estos pequeños se pierda y quede separado de él para siempre (Mateo 18:12-14, TLA).

Lección 7 - La vara y el cayado

de aquellos jóvenes que están sin Cristo y sin consuelo para curarles y traerles al redil del Señor.

Para poder aconsejar a los jóvenes en sus problemas el o la líder necesitará desarrollar algunas competencias o habilidades que le permitirán ministrar con éxito a sus ovejas, con su vara y su cayado.

Los adultos en la iglesia deben aceptar a los jóvenes tal como son y potenciarlos para ser mejores seres humanos.

Para iniciarnos en esta labor ministerial no debemos esperar a ser expertos, pero sí necesitamos contar con la disposición y el deseo de ayudar a nuestros adolescentes y jóvenes para lo cuál usaremos la fuente de recursos de nuestra experiencia y de los conocimientos que tenemos de la vida cristiana.

Los seres humanos en general suelen ser comunicativos y buscar ayuda ante los problemas de la vida para poder resolvelos y retomar el camino. Regularmente los jóvenes buscan el consejo cuando ya tienen el problema; pero el papel del consejero será ayudar al joven a anticiparse a los problemas, es decir, ayudarles a evitar meterse en problemas, a tomar deciciones sabias basados en la Palabra de Dios. Los líderes y pastores de jóvenes necesitan ser proactivos y enseñar de manera preventiva, para que los jóvenes eviten situaciones que les causes daño y sufrimiento.

Competencias y habilidades de los consejeros

En esta sección hablaremos de las cualidades de los buenos consejeros.

Cómo hemos visto hay muchos peligros latentes que amenazan a nuestros adolescentes y jóvenes y el rol de los líderes consejeros será fundamental para prevenir las crisis y guiarles a enfrentar y solucionar los problemas que enfrentan. Nos preguntaremos entonces… ¿Cuáles son las competencias o habilidades que necesita el consejero para esta tarea crucial?

1. Saber escuchar.

A los líderes nos encanta hablar, tenemos tanto que decir que no paramos de hablar, sin embargo para ser un consejero se debe aprender a guardar silencio y escuchar con atención. El aprender a escuchar es una función imprescindible para la buena comunicación. Los mejores líderes son aquellos que primero escuchan y después dan su consejo.

2. Ser empático y compasivo.

Nuestra función como líderes es ponernos en lugar del joven o la joven que aconsejamos y tratar de entender sus luchas y pruebas recordando nuestra propia vida. Debemos mirarlos con la compasión de Cristo, para ello Henry Nouwen recomienda en su libro El sanador herido: *"Para poder brindar sanidad debemos ser lo suficientemente vulnerables como para encarar y aceptar nuestra propia necesidad de sanidad; así nos convertimos en sanadores heridos"* (p. 100). Jesús es nuestro modelo, quién siempre demostró amor, preocupación y compasión por las personas heridas (Mateo 8:5-13; Marcos 1:41; Lucas 8:13).

3. Dependencia total del Espíritu Santo.

Si dependemos de nuestra fuerza no haremos bien la función de consejeros, pues estaremos dando consejos vacíos sin el poder y la guía del Espíritu Santo. Los problemas y situaciones a los que consejeros juveniles nos enfrentamos pondrán a prueba no solo nuestro conocimiento, sino también nuestra paciencia.

4. Dominio de la Palabra de Dios.

La Biblia dice que el que tiene falta de sabiduría la pida a Dios y Él se la dará abundantemente (Santiago 1:5). La Escritura está llena de consejos sabios para la vida, ella es la regla y la norma de conducta para los discípulos de Cristo. Ella es un manual para la vida y nos enseña cómo dirigirnos en nuestro caminar. El líder o pastor de jóvenes debe seguir el consejo de Josué 1:9: *"No te apartes de ella."* Cuatro cosas importantes debe hacer el líder con la Biblia: leerla, meditarla, aplicarla y compartirla.

5. Construye confianza y aceptación.

En el momento de consejería hay que guiar la conversación empleando preguntas sencillas como éstas: ¿De qué te gustaría hablar?, ¿Cuéntame tu historia?, ¿Cómo te sientes?

Como líderes o pastores de jóvenes nos interesa que los adolescentes y jóvenes cultiven una vida espiritual, emocional y relacional saludable, que puedan disfrutar de una vida dinámica en Cristo que dure toda la vida. En el libro: Asesoramiento y cuidado espiritual, de Howard Cinebell (p. 47), encontramos cinco funciones que nos ayudan para ministrar a la nueva generación:

Puedo cruzar lugares peligrosos
y no tener miedo de nada,
porque tú eres mi pastor
y siempre estás a mi lado;
me guías
por el buen camino
y me llenas de confianza
(Salmo 23:4, TLA).

5 FUNCIONES DE LA CONSEJERÍA A LAS NUEVAS GENERACIONES

Sanar
Ayudar a una persona a superar algún tipo de daño, trauma o deterioro en su salud espiritual, emocional o relacional.

Sostener
Ayudar a una persona afligida a soportar y superar una circunstancia o condición que aparentemente es imposible.

Guiar
Ayudar a personas confusas para que realicen acciones seguras entre distintas alternativas de pensamiento y acción.

Reconciliar
Buscar restablecer las relaciones rotas entre una persona, sus semejantes y Dios.

Nutrir
Proveer capacitación para el desarrollo de sus potencialidades. Guiar a la persona en el proceso de crecimiento en la santidad de vida.

Aconsejar del modo correcto

En esta sección aprenderemos juntos una técnica sencilla para aconsejar.

En el tiempo para conversar con el adolescente o joven, será muy útil seguir algunos principios o técnicas para aconsejar. La palabra "técnica" viene del griego *'tchene'*, que significa 'habilidad'. Conocer y aplicar una técnica nos ayudará a guiar la conversación y alcanzar el objetivo de proveer consuelo y dirección a los jóvenes. Veamos entonces cinco habilidades importantes que necesitamos desarrollar como consejeros y consejeras:

1. Mostrar interés genuino.

El consejero debe dedicar toda su atención para el aconsejado por medio del contacto visual y con una postura de interés. ¿Por qué es tan importante? Porque necesitamos establecer una conexión o relación con el adolescente o joven. Mostrar genuino interés facilitará que abra su corazón y que acepte los consejos.

2. Practicar la escucha activa.

El consejero debe poner atención con todos sus sentidos. Dios es nuestro modelo en escuchar. ¿Cómo se aprende la aptitud de escuchar?

- Escuchar con la mente: Concentrarse en lo que hay detrás de sus palabras.

- Escuchar con el cuerpo: Observar las señales no verbales, mirando atentamente los gestos, la manera de sentarse, el rostro, las manos, etc.

- Escuchar con las palabras: Cuando sea necesario hay que hacer preguntas de aclaración y también repetir en nuestras palabras lo que el joven ha dicho, para ver si estamos comprendiendo bien.

- Escuchar con la intuición: Debemos pedir al Espíritu Santo que nos ayude siempre que aconsejamos a una persona, que nos ayude a comprender la situación completa.

3. Hacer preguntas poderosas.

Las buenas preguntas empoderan a los jóvenes, muchas veces ellos saben lo que deben hacer pero les falta la confianza en ellos mismos para llevarlo a la práctica. Por lo que es importante que al hacer preguntas, les guiémos a alcanzar sus metas y sus objetivos, pero sin decirles directamente lo que deben hacer. Nuestra tarea será ayudarles a encontrar por sí mismos las mejores soluciones. Las preguntas deben ayudarles a ponerse en acción identificando los pasos a seguir.

Ejemplos bíblicos de escucha activa
Salmos 34:15-18
Salmos 116:1-2
Jeremías 33:3

4. Presentar opciones y alternativas.

La labor del consejero no es decirle a un joven qué hacer sino ayudarle a tomar sus propias decisiones con base en los principios que aprendió en la consejería. Tampoco será la de atraerlo hacia sí, sino de llévarlo ante el Señor. Una vez tomada la decisión hay que animarlo a emprender su camino y confiar en la guía del Señor.

5. Proveer acompañamiento y seguimiento.

Para los adolescentes es significativo saber que ellos nos importan y que estamos interesados en su proceso de crecimiento como discípulos y discípulas del Señor. Por ello acompañarlos en el camino es tan importante, como Jesús lo hizo con sus discípulos. Podemos ver un ejemplo de ello en Lucas 24, cuando en el camino a Emaús Jesús escuchó a dos de sus seguidores, les preguntó, les enseñó, les hizo pensar y reflexionar. Como resultado ellos lograron analizar y ver con claridad lo que estaba ocurriendo en sus vidas. Ellos comprendieron que debían depender de Dios. Lo mismo debemos hacer con las personas que aconsejamos.

La Biblia afirma que los líderes no debemos temer, pues el Espíritu Santo nos guiará en lo que debemos decir y nos recordará todo lo que hemos aprendido de su Palabra (Juan 14:26, 1 Corintios 2:13, Juan 16:13).

¿Qué Aprendimos?

La consejería es más que una charla, es un proceso, un caminar con los jóvenes. Los líderes juveniles necesitan dar dirección, cuidado y acompañamiento con la vara y el cayado para llevar a la nueva generación a una relación dinámica en Cristo. Para ello deben desarrollar algunas habilidades básicas de la consejería.

Lección 7 - La vara y el cayado

Actividades

INSTRUCCIONES:

1. En sus propias palabras, escriba en una frase cuál es el propósito del consejero juvenil?
_____
_____

2. En grupos de 3 a 4 integrantes revisen la lista de las crisis que suelen enfrentar los adolescentes y jóvenes y marquen aquellas que han enfrentado los jóvenes en su iglesia local en los últimos 3 años.

Crisis personales	Problemas relacionales	Problemas sexuales	Otros trastornos
1. Soledad ☐	1. Presión de grupo ☐	1. Masturbación ☐	1. Anorexia ☐
2. Sentimiento de culpa ☐	2. Burla ☐	2. Pornografía ☐	2. Bulimia ☐
3. Autoestima baja ☐	3. Padres divorciados ☐	3. Fornicación ☐	3. Obesidad ☐
4. Complejos ☐	4. Padrastros ☐	4. Embarazo ☐	
5. Depresión ☐	5. Rebeldía ☐	5. Aborto ☐	
6. Ansiedad ☐		6. Confusión de identidad sexual ☐	
		7. Sida y otras enfermedades venéreas ☐	
		8. Abuso sexual ☐	

3. En los mismos grupos compartan ideas acerca de:

a) ¿Qué deberían hacer y qué no deberían hacer los líderes para crear codependencia en los jóvenes y adolescentes hacia ellos mismos.
_____
_____
_____
_____

b) ¿Cómo hacer para dirigir a los jóvenes a depender de Dios, en lugar de depender de sus líderes?

c) ¿En cuáles crisis necesitan ayudar a los jóvenes en cuanto a prevención?

4. Como clase escriban un plan para iniciar o fortalecer la consejería a los jóvenes en su iglesia local. No olviden incluir capacitación de los consejeros, promoción, enseñanza sobre prevención, seguimiento a los jóvenes, supervisión del desempeño de los consejeros y evaluación.

Notas

Lección 8

Restauración de las ovejas descarriadas

Objetivos

- Definir el concepto de restauración.
- Valorar la práctica de la restauración individual y colectiva.
- Involucrarse en la práctica de la restauración.

Ideas Principales

- Jesús nos llama a compadecernos del hermano necesitado que ha caído de la gracia.
- Los líderes y la iglesia toda deben cooperar en la restauración de los caídos.

Introducción

En las iglesias con frecuencia nos encontramos con hermanos y hermanas que se apartan de la fe o dejan de congregarse. Estas personas necesitan ayuda para renovar su compromiso con el Señor y retornar al camino del discipulado.

Nos entristece la situación de nuestros compañeros y compañeras en el camino cristiano porque les amamos, pero muchas veces no sabemos qué hacer para ayudarles, porque no sabemos como responder ante tales circunstancias. Ellos y ellas necesitan ser retaurados y esa es la voluntad de Dios. Es por eso que en esta última lección vamos a aprender: ¿cómo ayudar a nuestros hermanos y hermanas caídos y cómo prepararnos para ser restauradores?

Actitud en la restauración

Comenzaremos definiendo restaurar.

Según el diccionario la palabra restaurar significa: arreglar, remendar, completar, perfeccionar.

Para comprender mejor su significado veamos una historia, que se asemeja a cómo actuamos en muchas ocasiones como iglesia cuando un hermano o hermana necesita de restauración.

Cuenta la historia que soldados estaban juntos en una trinchera y uno de ellos fue herido por una bala enemiga. El compañero tiene dos opciones. La más lógica es tratar de sacar a su compañero del lugar de peligro y procurar llevarle a un hospital donde su salud sea restaurada. La otra opción es dejar desangrar a su compañero con indiferencia, o darle un tiro de gracia. Entonces sería considerado un asesino y, si su delito fuese conocido, sería fusilado como traidor.

¿Cuál de las opciones vemos más a menudo en la gente cristiana?

Las Escrituras, en Gálatas 6:1 dicen: *"... si alguien es sorprendido en pecado, ustedes que son espirituales deben restaurarlo con una actitud*

Mansedumbre:
Uno de los frutos del Espíritu Santo (Gálatas 5:22) que se manifiesta en docilidad y suavidad en el trato con otras personas.

humilde. Pero cuídese cada uno, porque también puede ser tentado." Dios no solo nos llama a practicar la restauración con el hermano que ha pecado, sino que incluso nos dice cómo debe ser nuestra actitud al ser restauradores, y esto es de una manera humilde. En la versión Reina Valera 1995 en este mismo pasaje dice *"con espíritu de mansedumbre"*, y en la versión Dios Habla Hoy: *"háganlo amablemente"*. En conclusión, la manera en que debemos acercarnos al hermano que ha pecado es con amabilidad y dulzura, sin señalar o juzgar al hermano, ya que como dice al final del versículo, nosotros también podemos ser tentados.

La compasión y la acción

Veamos en la parábola del buen samaritano como involucrarnos.

En Lucas 10:30-37 encontramos una parábola muy conocida, la del buen samaritano, quizá muchos la hemos leído en varias ocasiones, únicamente para ver cómo no y cómo sí debemos actuar ante el hermano necesitado, sin embargo la leeremos nuevamente; en esta ocasión analizando más profundamente la acción del buen samaritano.

"Bajaba un hombre de Jerusalén a Jericó, y cayó en manos de unos ladrones. Le quitaron la ropa, lo golpearon y se fueron, dejándolo medio muerto. Resulta que viajaba por el mismo camino un sacerdote quien, al verlo, se desvió y siguió de largo. Así también llegó a aquel lugar un levita, y al verlo, se desvió y siguió de largo. Pero un samaritano que iba de viaje llegó a donde estaba el hombre y, viéndolo, se compadeció de él. Se acercó, le curó las heridas con vino y aceite, y se las vendó. Luego lo montó sobre su propia cabalgadura, lo llevó a un alojamiento y lo cuidó. Al día siguiente, sacó dos monedas de plata y se las dio al dueño del alojamiento. "Cuídemelo" —le dijo—, "y lo que gaste usted de más, se lo pagaré cuando yo vuelva."

¿Cuál de estos tres piensas que demostró ser el prójimo del que cayó en manos de los ladrones?

—El que se compadeció de él —contestó el experto en la ley.

—Anda entonces y haz tú lo mismo —concluyó Jesús."

Como vemos la voluntad de Dios para su iglesia es que restauremos al caído. Dos cosas muy importantes se nos enseñan sobre la restauración en esta parábola.

1. La compasión.

Jesús nos llama a compadecernos del hermano necesitado, del hermano que ha sido herido por el enemigo, a que sintamos el dolor que él siente y no a juzgarlo.

Más bien, sean bondadosos y compasivos unos con otros, y perdónense mutuamente, así como Dios los perdonó a ustedes en Cristo (Efesios 4:32).

Cuando un hombre descubre sus faltas, Dios las cubre. Cuando un hombre las esconde, Dios las descubre. Cuando un hombre las reconoce, Dios las olvida (San Agustín).

2. La acción.

El samaritano no solo vio al hombre tirado y se compadeció de él, sino que actuó. Vemos que el pasaje dice que primero se acercó, después curó sus heridas y las vendó, pero también se aseguró que se recuperara completamente en un lugar agradable y seguro. Esta es la verdadera restauración.

Restauración, una tarea de la iglesia como comunidad

Veremos ahora el rol de la congregación en la restauración.

> *Porque no tenemos un sumo sacerdote incapaz de compadecerse de nuestras debilidades, sino uno que ha sido tentado en todo de la misma manera que nosotros, aunque sin pecado (Hebreos 4:15).*

Retomando Gálatas 6:1 vemos que el Señor Jesús nos ha dejado la tarea de la restauración, como una práctica en comunidad, esto es, que si un hermano ha cometido un pecado, se necesita que un miembro de la iglesia sirva como restaurador personal. Al mismo tiempo la iglesia debe acompañar esta restauración recibiéndo al hermano o hermana amablemente, sin acusaciones, sin chismes, no tomando el papel de jueces, sino alegrándose en que el hermano o hermana ha regresado a los caminos de Dios.

Como iglesia tenemos que adoptar esta actitud restauradora, si bien es cierto que no todos los miembros podemos participar directamente de la restauración de una misma persona, sí podemos estar dispuestos y disponibles para involucrarnos cuando sea necesario. Mientras tanto si hay una situación en la que hay un miembro haciendo la labor de restaurador, necesitamos estar unidos en un mismo propósito como iglesia, para facilitar que esa restauración se lleve a cabo en un ambiente de amor y aceptación.

Dios que restaura

Veremos ahora como Dios actúa restaurando al caído.

> *Ser cristiano significa perdonar lo inexcusable en otros porque Dios perdonó lo inexcusable en ti (C.S. Lewis).*

Sabemos que tenemos un Dios poderoso, el cual es omnipotente, omnisciente y omnipresente, quien nos ama de tal manera que entregó la vida de su único Hijo para darnos vida, y vida en abundancia, que no es indiferente a nuestras necesidades y peticiones, que desea que estemos a su lado y nos conduzcamos de una manera digna del llamado que nos ha hecho, que reflejemos su amor a través de nuestras vidas. Sin embargo cuando nos alejamos de Él, es fiel y justo para perdonarnos, aunque nosotros pensemos que lo que hemos hecho es demasiado como para poder alcanzar su perdón. Aunque creamos que seremos castigados por el pecado que hemos cometido y que no tenemos derecho de volver a acercarnos a Él; Dios nos extiende su mano poderosa para limpiarnos nuevamente, nos pone una nueva vestidura y nos llama hijos suyos.

El amor de Dios es tan grande y tan incomprensible que no desea que nadie se pierda sino que todos procedamos al arrepentimiento. Él no nos condena, Él nos ama. Así que, como el amor de Dios es tan grande, nosotros tenemos que ver con amor a los hermanos, aun más a los que han caído de la gracia de Dios, así como Dios no nos condena, nosotros no tenemos porque condenar a los caídos, sino amarlos, de tal manera que ellos puedan ver a ese Dios amoroso, misericordioso en nosotros. Nosotros debemos ser su voz, sus brazos, sus embajadores y embajadoras (2 Corintios 5:20). Somos sus representantes, por lo tanto tenemos que hacer bien esa tarea de restaurar al hermano caído, como Cristo lo haría.

Debemos cuidarnos de perder la paciencia. En ocasiones llegamos a condenar al hermano que ha fallado. Podemos pensar: "ya es tiempo de que haga las cosas bien"; "ya no va a cambiar"; "para que le hablo del evangelio si continúa de la misma forma". Cuando obramos así, en lugar de practicar la restauración como Dios lo hace con nosotros, es como si acabáramos de matar al hermano herido. Esta es probablemente una de las mayores causas por la que los caídos no regresan a la iglesia, o en el peor de los casos dejan de creer.

Gracias damos a nuestro Creador que no obra así, sino que cuando le fallamos es cuando más se acerca enviando a su Espíritu Santo para convencernos de nuestro pecado y regresarnos a sus brazos de amor. Aunque otros nos condenen y nos critiquen Dios nos ama y nos limpia.

En Miqueas 7:19 encontramos un nuevo aliento para quienes pasan por tiempos tan difíciles: *"El volverá a tener misericordia de nosotros; sepultará nuestras iniquidades, y echará en lo profundo del mar todos nuestros pecados"* (RVR 1995). Sin duda esta promesa nos da paz, nos da tranquilidad, nos da confianza para acercarnos nuevamente a nuestro Padre Celestial para pedir su perdón y tener la certeza de que nos volverá a recibir y dejará atrás todo aquello que nosotros hayamos cometido.

Su gracia es infinita al igual que su amor. En Oseas 14:4 también podemos leer: *"Yo sanaré su rebelión, los amaré de pura gracia; porque mi ira de apartó de ellos"* (RVR 1995). Dios nos llama a venir ante sus pies para poder recibir de su gracia, su amor y su restauración, Dios no nos pedirá nada que El no haría por nosotros, el nos ofrece restaurar nuestras vidas después de haberle fallado y es por eso que como hijos suyos también nos pide ejercerla con nuestros hermanos, de gracia hemos recibido, de gracia debemos dar.

Dios desea que nos amemos los unos a los otros, que no nos juzguemos sino que nos ayudemos para salir adelante juntos como un solo cuerpo. Nos podemos llenar nuestros labios diciendo que amamos al prójimo cuando nuestras acciones demuestran todo lo contrario. Las Escrituras dicen en 1 Juan 3:18 *"Queridos hijos, no amemos de palabra ni de labios para afuera, sino con hechos y de verdad."* Es en este verdadero amor que podremos ayudar a restaurar otras vidas, es en este verdadero amor que Cristo habrá de ser exaltado.

Omnisciente: *que conoce todas las cosas.*
Omnipotente: *que tiene el poder para hacer cualquier cosa que desee.*
Omnipresente: *que está presente en todas partes al mismo tiempo.*

Yo, como restaurador

Finalmente veamos como prepararnos para ser restauradores.

Cuando trabajamos en el ministerio juvenil, nos encontramos con jóvenes con diversas luchas. Son muchos los jovenes que tratan de no cometer de nuevo los mismos errores. Otros tantos se sienten cómodos con lo que están haciendo, y no abandonan algunos pecados, pero aún así Dios les extiende su gracia y misericordia a todos ellos y nosotros también somos llamados a amarles y ayudarles para que puedan ser restaurados.

Dentro de nuestras iglesias y en nuestro ministerio como ministros juveniles nos encontraremos con jóvenes que han descuidado su caminar y han cometido pecado, y como líderes somos responsables de:

a) Fungir como restauradores: somos los primeros que debemos acercaremos con amabilidad y dulzura al joven que ha pecado.

b) Sanar las heridas y poner ungüento para aliviar el dolor.

c) Incentivar y capacitar a otros jóvenes a participar en la restauración de manera colectiva. La restauración es una práctica que debe ejercerse por toda iglesia.

d) Capacitar a otros jóvenes para que sean restauradores.

La restauración siempre debe ser hecha con amor, compasión y dulzura, sin señalar o juzgar, realizando las acciones necesarias para la completa restauración del hermano o hermana. Los líderes son responsables de animar a la iglesia a participar de esta restauración, generando un ambiente de aceptación. Esta es una tarea que nuestro Dios nos ha encomendado y que es muy importante de ser realizada para poder seguir avanzando en nuestra vida cristiana, ya que una vez que somos restaurados podemos continuar trabajando juntamente con el Espíritu Santo que opera en nosotros para crecer en la vida de santidad.

Con todo lo que hemos visto hasta aquí acerca de la restauración queremos recordar tres puntos fundamentales que no deben ser pasados por alto:

1. Nuestra actitud como restauradores debe ser comprensiva y solidaria con el hermano que ha pecado.

2. A través de nosotros se presenta la dinámica del amor que forma parte del ministerio del Espíritu Santo.

3. Nuestra meta como creyentes en cuanto a la realización de una tarea de restauración es que esta solo es posible en Cristo y por Cristo.

> *Así que, somos embajadores en nombre de Cristo, como si Dios rogara por medio de nosotros; os rogamos en nombre de Cristo: Reconciliaos con Dios*
> *(2 Corintios 5:20, RVR 1995).*

¿QUÉ APRENDIMOS?

La restauración es una práctica que debe ejercerse en todas las iglesias por los líderes y por toda la congregación. Debe ir acompañada de una actitud amable, con compasión, sin juzgar, ni condenar al caído.

Actividades

INSTRUCCIONES:

1. ¿En algún momento de su vida cristiana, usted desobedeció a Dios? ¿Cómo fue tratado/a por la iglesia y sus líderes?
___
___
___

2. ¿Ha tenido alguna ocasión en que alguien le haya restaurado? ¿Qué aprendió de la experiencia?
___
___
___

3. Piense en la historia de los soldados: ¿Alguna vez ha vivido o visto una situación en su iglesia, en donde en lugar de ayudar al compañero herido lo que se ha hecho es ignorarlo o terminarlo de matar? Si es así, ¿cómo cree que debió de haberse actuado?
___
___
___

4. ¿Si en este momento cometiera un pecado, cómo le gustaría ser restaurado?
___
___
___

5. En grupos de 3 a 4 integrantes piensen en una situación que puede darse en que un/una joven necesite restauración y respondan:

a) ¿De qué manera llevarían adelante la restauración con el o la joven?

b) ¿Cómo motivarían al grupo de jóvenes y a la iglesia en general para que sean activos en la restauración? Den ejemplos de las actividades que se pueden realizar.
___
___

Notas

Evaluación Final

CURSO: CUIDANDO A LAS OVEJAS

Nombre del alumno/a: _____
Iglesia o centro donde estudia: _____
Distrito: _____
Profesor/a del curso: _____
Fecha de esta evaluación: _____

1. ¿En qué se asemeja la tarea del pastor de ovejas al líder juvenil?
_____
_____
_____
_____
_____

2. ¿Cómo debemos ayudar a los jóvenes en sus crisis?
_____
_____
_____
_____
_____

3. ¿Quiénes son los que necesitan restauración en una iglesia?
_____
_____
_____
_____
_____

4. ¿Qué aprendió en la practica ministerial del curso?
_____
_____
_____
_____
_____

5. En su opinión ¿Cómo se podría mejorar este curso?
_____
_____
_____
_____
_____

Bibliografía

Libros:

Aldana M., Carlos. *Pedagogía general crítica (versión unificada)*. Guatemala: Serviprensa Centroamericana, 2001.

Burns, J. *Sobreviviendo a la adolescencia*. USA: UNILIT, 1999.

Campbell, R. *Si amas a tu adolescente*. EE.UU.: Betania, 1986

Canales, Wilfredo. *La crisis en la vocación y sucesión pastoral. Un dialogo urgente y crucial para la iglesia*. Conferencia para rectores; abril 2 de 2016. San José Costa Rica.

Caribe. *Biblia de estudio El diario vivir* (Reina Valera, 1960). Nashville: Caribe, 1997.

Clinebell, Howard. *Asesoramiento y cuidado pastoral*. Nashville; Abigdom, 1995.

Collins, Gary. *Consejería cristiana efectiva*. Portavoz, 1997.

Chapman, Gary. *Los cinco lenguajes del amor de los jóvenes*. Miami: Unilit, 2003.

De León, Jeffrey D. *Cuando las consecuencias no son suficientes*. Nashville: Grupo Nelson, 2008.

Delors, Jacques y otros. *La educación encierra un tesoro*. UNESCO, Santillana, 1996.

Díaz, Mario de Miguel. *Metodologías de enseñanza y aprendizaje para el desarrollo de competencias*. Madrid: Alianza Editorial, S.A., 2006.

Editorial Vida. *Biblia para el líder de jóvenes*. Nueva Versión Internacional. Vida, 2012.

Eims, LeRoy. *El arte perdido de discipular*. Colombia: Mundo Hispano, 1999.

Foster, Richard J. *Ríos de agua viva*. Argentina: Peniel, 2010.

Giles E. James. *De pastor a pastor*. El Paso, TX : CBP, 1990.

Hancock, Jim, y Van Pelt, Rich. *Cómo ayudar a los jóvenes en crisis*. Miami: Vida, 2007.

Hybels, Bill; Briscoe, Stuart, y Robinson, Haddon. *Predicando a personas del s. XXI*. Colombia: Clie, 2008.

Iglesia del Nazareno. *Manual/2013-2017, Iglesia del Nazareno, Historia, Constitución, Gobierno y Ritual*. Lenexa, USA: Casa Nazarena de Publicaciones, 2013.

Kimball, Dan. *La iglesia emergente*. Miami: Vida, 2009.

León, Jorge A. *Psicología pastoral para todos los cristianos*. Buenos Aires; ediciones Kairos, 2008.

Leys, Lucas. *Adolescentes, cómo trabajar con ellos*. Argentina: Certeza, 1998.

Lyotard, Jean François. *La condición posmoderna*. Barcelona: Ediciones Cátedra S.A., 2004.

Lothar Coenen, Erich Beyreuther, Hans Bietenhard. *Diccionario teológico del Nuevo Testamento*. Salamanca: Sígueme, 1994.

McDowell, Josh, y Hostller, Bob. *Manual de consejeros para jóvenes*. Texas: Mundo Hispano, 2013.

Moraleda, Mariano. *Psicología del desarrollo: infancia, adolescencia, madurez y senectud.* Barcelona: Alfaomega Grupo Editor S.A., 1999.

Morin, Edgar. *Los siete saberes necesarios para la educación del futuro.* UNESCO, 1999.

Nouwen, Henri J. M. *Sanador herido: un proceso de búsqueda.* Madrid; Promoción popular cristiana, 2001.

Ortiz, Félix. *¡Vaya caos!* España: Terrasa, 1998.

_____. *Raíces: pastoral juvenil en profundidad.* EE.UU.: Vida, 2009.

Ortiz, F. & Muniello, G. *Hacia un ministerio juvenil dinámico.* Barcelona: CLIE, 2000.

Pérez, Humberto. *Mi saco pastoril.* Miami: Caribe, 1992.

Pérez Islas, José, y Valdez González, Mónica. *Teorías sobre la juventud: la mirada de los clásicos.* México: Porrúa, 2009.

Pimienta, Julio. *Metodología constructivista. Guía para la planeación docente.* 2ª Edición. México: Pearson Educación, 2007.

Purkiser, W. T. *La imagen del ministerio en el Nuevo Testamento.* Kansas City, Missouri: CNP, 1989.

Ropero, Alfonso. *Lo mejor de los padres apostólicos.* Barcelona: Clie, 2004.

R. Pierce. Company E; *Nazarene Messenger Magazine,* no. 8.21 (noviembre 19, 1903: 2).

Santos, Hugo N. (editor). *Dimensiones del cuidado y asesoramiento pastoral.* Buenos Aires: Kairós, 2006.

Saravia, Javier. *Leyendo los signos de los tiempos.* México: Buena Prensa, 1999.

Silva, Kittim. *Un diálogo ministerial.* Florida: Vida, 1991.

Somoza, Daniel. *Fichero práctico de consejería pastoral.* Barcelona: Clie, 1992.

W. E. Vine. *Diccionario expositivo-exhaustivo de Antiguo y Nuevo Testamento.* Grupo Nelson, 1998.

Wright, Norman. *Cómo aconsejar en situaciones de crisis.* Barcelona: Clie, 1998.

Zapata, Junior. *La generación emergente.* Miami: Vida, 2005.

Páginas web:

ABC. *Altruísmo. Definición.* Consultado 21 de febrero de 2018 de: https://www.definicionabc.com/social/altruismo.php

Diccionario Internacional.com. *Reenfoque.* Consultado 17 de febrero de 2016 de:http://diccionario-internacional.com/definitions/?spanish_word=refocus

INTERNET: *Good Data - If the world were 100 people.* Propiedad de Good Magazine. Consultado el 15 de marzo de 2016 de: URL: http://worldpopulationreview.com//

OPS/ OMS. *En las Américas hay más de 7 suicidios por hora.* OPS (22/10/2014). Consultado 21 de febrero de 2014 de: http://www.paho.org/hq/index.php?option=com_content&v

iew=article&id=10114:2014-new-paho-report-more-than-7-suicides-per-hour-in-the-americas&Itemid=1926&lang=es

Sapiencia. *Estilos de aprendizaje.* Consultado 21 de febrero de 2018 de: http://www.uca.edu.ni/diakonia/

Wikipedia. *Empatía.* Consulado 16 de marzo de 2018 de: https://es.wikipedia.org/wiki/Empat%C3%ADa

www.ingramcontent.com/pod-product-compliance
Lightning Source LLC
Chambersburg PA
CBHW080941040426

42444CB00015B/3397